GUIDE OFFICIEL DU PÈLERIN

DANS LA

BASILIQUE DU SACRÉ-CŒUR

A MONTMARTRE

Publié par MM. les Chapelains de la Basilique

ANNÉE 1896

AUX BUREAUX DE LA BASILIQUE

PRIX : 50 centimes

GUIDE OFFICIEL DU PÈLERIN

DANS LA

BASILIQUE DU SACRÉ-CŒUR

A MONTMARTRE

Publié par MM. les Chapelains de la Basilique

❖

ANNÉE 1896

PARIS

BUREAUX DE LA BASILIQUE

31, RUE DE LA BARRE

MONTMARTRE

NOUVEAU GUIDE OFFICIEL
DU PÈLERIN

AVANT-PROPOS

Pourquoi l'Œuvre du Vœu National au Sacré-Cœur, à Montmartre.

La première question que s'adresse tout pèlerin sérieux, en se rendant à Montmartre, est celle-ci : pourquoi l'œuvre du Vœu national au Sacré-Cœur? la seconde ne s'impose pas avec une moindre force : pourquoi l'avoir établie à Montmartre? La réponse à ces deux questions a été donnée, au vingt-et-unième congrès catholique de Lille, par le R. P. Lemius, supérieur des chapelains du Vœu national, dans un discours que nous ne pouvons reproduire en entier, mais dont nous citons les extraits nécessaires à la thèse présente.

« Je jette mes regards sur Montmartre, et c'est une vision émouvante qui passe devant moi. Je vois les deux grands objets de nos amours : LE SACRÉ-CŒUR ET LA FRANCE.

« Le Sacré-Cœur qui s'ouvre plein de nouvelles miséricordes, de débordantes tendresses, le Sacré-Cœur, qui se place sur cette cime consacrée pour y régner par son amour sur Paris et la France;

« A genoux, la France courbant la tête dans la pénitence, les larmes et l'adoration, la France se vouant au Dieu d'amour et inaugurant un nouveau règne, le règne du Sacré-Cœur.

« Voilà la radieuse vision, aurore des temps nouveaux, qui fera vibrer vos cœurs français. Gravissons ensemble la sainte montagne. Allons voir ce que le Sacré-Cœur fait pour la France à Montmartre, ce qu'à Montmartre la France fait pour le Sacré-Cœur.

I

« Jésus-Christ montrant son cœur à la France lui dit, il y a deux siècles, cette fière et consolante parole : « Je règnerai malgré Satan et ses suppôts. » Il veut régner par son Cœur.

« Qu'est-ce que régner en effet? Régner, a dit Bossuet, « c'est avoir la puissance universelle de faire du « bien; » régner, selon Lacordaire, « c'est mettre une « puissance, une sagesse et un amour au service des êtres « inférieurs pour les conduire vers leur fin; » régner, a dit le cardinal Pie dans son panégyrique de saint Louis, « c'est répandre des bienfaits. » Je crois que l'on peut donner une définition non moins vraie, non moins philosophique, mais plus courte et plus populaire : régner c'est *montrer du cœur*.

« Lisez l'histoire : on a essayé de gouverner par la force, la violence, la tyrannie. Des hommes puissants ont mis leur sabre au clair et ont dit au peuple :

« Tremble et accepte notre pouvoir. » Un instant ils ont pu créer l'hypocrisie de la soumission. Mais tôt ou tard les flots populaires se sont soulevés dans la tempête d'une révolte, ils ont secoué le trône et renversé le tyran. « Césars, » disaient les premiers chrétiens, « prenez nos biens, multipliez les chaînes, faites tomber « nos têtes sous la hache; mais nos âmes, mais nos « cœurs, vous ne les aurez jamais. » — « L'Europe est à « Bonaparte, disait le grand philosophe des temps mo« dernes, de Maistre, l'Europe est à Bonaparte, mais mon « cœur... est à moi. »

« On ne règne pas non plus par la sagesse et le génie. On peut admirer un génie, on peut aussi ne pas l'aimer, ne pas se soumettre.

« Règne-t-on par l'intérêt? Des conquérants ont pu ramasser des âmes vénales. Mais, après le partage des dépouilles, ils sont restés seuls avec leur drapeau qui leur a servi de linceul.

« Comment donc peut-on régner sur un peuple? O mères qui m'écoutez, dites-nous la loi qui régit toutes les âmes. Reines du foyer, comment avez-vous pris un empire souverain sur vos enfants et dressé au fond de leurs âmes ce trône indestructible où vous vivez toujours? Ah! vous leur avez montré votre cœur; votre cœur le plus beau qui soit au monde, prodigue de tendresse, plein de dévouement, généreux jusqu'au sacrifice, jusqu'au martyre.

« C'est la grande loi des âmes, c'est la loi des peuples, de tous les peuples de la terre.

« C'est surtout la loi du peuple français.

« La France ne le cède à aucune autre nation par les qualités de son esprit. Mais ce qui la distingue de toutes les autres, ce qui lui donne un rang à part, c'est qu'avant tout elle a du cœur : un cœur facile à émouvoir, à entraîner, un cœur ardent et chevaleresque, un cœur prompt à tous les enthousiasmes, à toutes les générosités. Pour peu qu'elle se sente aimée, elle se donne, elle s'abandonne, elle ferait des folies.

« La France, on l'a dit avec raison, appartiendra toujours à celui qui l'aimera davantage.

« A ce compte ! vive Dieu ! il règnera encore sur notre chère patrie. Car c'est vers elle qu'il est descendu, c'est à elle qu'entr'ouvrant son adorable poitrine, il a montré son Cœur et a dit : « Voilà ce Cœur qui t'a tant « aimée. Je suis le Christ qui aime toujours les Francs. »

« Or cette suave et conquérante parole, s'il l'a murmurée à Paray, aux oreilles d'une vierge, c'est à Montmartre qu'il veut la crier à toute la France !

« Montmartre ! Lacordaire, émerveillé des découvertes que les savants, comme Cuvier, avaient faites dans les différentes couches de la vieille colline, disait un jour aux Parisiens : « Voilà donc tous les âges, toutes les « grandes époques, tous les grands continents debout à « l'extrémité septentrionale de votre cité. » Et nous, nous pouvons nous écrier, en lisant l'histoire ancienne et moderne de Montmartre : « Voilà les siècles de l'amour « du Christ pour la France qui se dressent pour former, « au centre de la patrie, le trône du Sacré-Cœur de « Jésus. »

« Montmartre, disait Jean le Bon, c'est l'œil et le « cœur de la France ; » et un ancien auteur ajoutait : « C'est le lieu le plus saint et le plus sacré de la patrie. « C'est une montagne plus chère que le Liban que *Jésus-« Christ a choisie* pour y faire découler les eaux les plus « abondantes de ses faveurs... pour l'utilité singulière « non seulement de Paris mais de toute la France. »

« *Jésus-Christ l'a choisie!* Fouillez, en effet, les siècles qui se sont entassés sur l'auguste montagne, et vous verrez que l'amour de Dieu l'a toujours habitée d'une manière spéciale, nous y donnant les témoignages de sa prédilection.

« Creusez, et vous y trouverez les fondements de la religion catholique en France cimentés avec le sang de saint Denis et d'une multitude de chrétiens qu'il a convertis.

« C'est bien là que le disciple de saint Paul, le philosophe de l'Aréopage, l'apôtre le plus illustre des Gaules, plaça le centre de son action. De ses miracles il couvrit la sainte colline, il l'arrosa du sang des sacrés mystères, et un jour qu'il célébrait, Jésus-Christ lui-même posa ses pieds sur ce sol sacré. Il venait dire à Denis et à ses compagnons de consacrer de leur sang cette montagne. A ce moment, saint Denis n'eût-il pas la vision de l'avenir?...

« On peut dire que Montmartre, à l'origine de l'ère chrétienne, a été littéralement jonché de cadavres, pétri dans le sang des martyrs; c'est là qu'a été jetée la semence des chrétiens français : *semen christianorum.* On l'a appelé le *martyrium* de la France. Aussi lisait-on, dans une vieille inscription, au sanctuaire de Montmartre, cette apostrophe aux pèlerins : *Salvete Galli, et prima vestra religionis fundamenta discite. Posuit ea hoc in loco et sanguine suo capite cæsus obsignavit Dyonisius.* Français, saluez Montmartre, et apprenez où sont les fondements de votre religion. Denis les a placés là, et de son sang il les a scellés... On a dit que la France chrétienne était née à Tolbiac. Ne vaudrait-il pes mieux affirmer qu'à Tolbiac est née la monarchie chrétienne, mais que c'est des hauteurs de Montmartre que la démocratie française reçut son baptême de sang?

« Aussi Montmartre devient-il le foyer de l'amour du Christ pour notre patrie, un centre de mystérieuse et puissante attraction. Tout ce que la France a possédé de grand, de noble, de saint, s'est donné rendez-vous pour y réchauffer en même temps sa foi et son patriotisme. Sainte Geneviève, sainte Clotilde, saint Cloud, saint Germain, saint Hugues et tant d'autres y ont laissé les traces saintes de leurs pas.

« C'est là que saint Eugène III vint un jour, accompagné de saint Bernard et de Pierre le Vénérable, consacrer le sanctuaire de Montmartre, et l'histoire nous raconte que saint Bernard, dont l'âme était si facile aux émotions célestes, y éprouva de tels tressaillements qu'il voulut y laisser en ex-voto sa dalmatique tissée d'argent. « Je crois, dit le P. Binet, que s'il eust pu y « appendre son cœur, il l'eust fait volontiers tant il « aimoit ce lieu bénist du ciel où avoit germé le bonheur « de la France. »

« Jeanne d'Arc, la vierge française, promène son oriflamme sur ces hauteurs, elle y campe avec ses fiers guerriers, et elle s'agenouille sur ce sol où elle sent palpiter ensemble et le Cœur de son Dieu et le cœur de sa chère France.

« Les rois très chrétiens avaient un culte très prononcé pour Montmartre. Ils venaient s'y recueillir près de Dieu et prier pour le peuple qu'ils aimaient.

« Ah! dit le P. Binet, quelle estime pensez-vous que « fit en son temps le glorieux saint Louis de cette sainte « montagne, pleine du sang des apôtres et des premiers « martyrs de la France, lui qui allait chercher les osse- « ments des saints jusqu'au bout du monde. »

« Charles VI venait, dans ses moments lucides, prier et pleurer sur ses sommets...

« Les reines y trouvaient leurs pieuses délices, et l'une d'elles, la pieuse Adélaïde, voulut « y vivre et y trouver « une mort délectable. »

« On peut donc dire avec Doublet : « C'est cette « montagne que la Divine Bonté a bénie éternellement, « remplie de bénédictions perpétuellement... C'est cette « montagne que Notre-Seigneur a rendue fertile et fé« conde... où il fait tous les jours pleuvoir ses grâces « célestes en grande abondance. Fortunée montagne ! »

« Un des plus grands témoignages de l'amour de Jésus-Christ pour la France, ce sont ces pléiades d'apôtres et de vierges, véritables étincelles du Cœur de Jésus qui, au dix-septième siècle surtout, se répandent en France pour l'évangéliser, l'arracher au froid Jansénisme et l'embraser de flammes nouvelles. Je salue cet ordre illustre, dont Mgr de Mermillod disait « qu'il possédait à la fois la blanche pureté de la doc« trine et la pourpre du sacrifice. » Je salue la Congrégation de Saint-Vincent de Paul, les fils de M. Olier, les enfants du P. Eudes, les religieux de l'Oratoire, les Carmélites de la réforme, les saintes religieuses de la Visitation, les sœurs de la Charité et tant d'autres que je ne puis nommer.

« Or, tous ces ordres sont, de quelque manière, fils de Montmartre. C'est sur le mont des Martyrs que, par amour pour la France et l'Eglise, Dieu leur a communiqué ce feu du zèle qui les a transportés sur tous les points du globe.

« C'est à Montmartre que saint Ignace et ses compagnons viennent se vouer à Dieu, que François-Xavier ressent les ardeurs qui vont le transporter aux Indes.

« Là, dit un fils de cet ordre illustre, ils prirent leur « premier esprit en brûlant du désir d'être les martyrs « de Jésus-Christ...... » Voilà des fruits de Montmartre.

« Vincent de Paul, l'apôtre de Clichy et de Saint-Lazare, allait s'inspirer sur ce mont qu'il appelait « le mont « Basan. » Et un jour il disait : « O Sauveur du monde ! » La compagnie encore dans son enfance alla à Montmartre se recommander à Dieu. « O Sauveur de mon « âme ! Faites-nous la grâce de ne vouloir posséder que « vous. » Voilà des fruits que l'amour du Christ a fait mûrir à Montmartre.

« Mme Legras reconnaissait Montmartre comme sa patrie et elle lui a jeté ce cri prophétique : « Obtenez, ô « mon Dieu, pour le peuple que vous avez acquis de votre « sang, que cette montagne, encore fumante, attire la « flamme de l'amour saint ! Embrasez les cœurs ! »

« C'est à Montmartre que M. Olier et ses fils viennent se consacrer « comme des hosties vivantes, » afin de pouvoir former un clergé digne de l'Eglise de France. Ils sont, eux aussi, des fruits de Montmartre.

« Le cardinal de Bérulle voue à Montmartre sa congrégation naissante.

« Lorsqu'il introduira à Paris les filles de sainte Thérèse venant d'Espagne, avant de les placer derrière leurs grilles où par leurs prières elles doivent être les paratonnerres de leur nouvelle patrie, il veut leur infuser l'amour de la France... Il leur fait gravir la sainte colline et respirer l'air si national de Montmartre.

« Saint François de Sales y allait souvent, disait-il, « respirer l'air du Paradis. » N'est-ce pas là qu'il conçut, nourrit le projet de fonder cet ordre admirable qui devait être le tabernacle du Sacré-Cœur ? Les filles de la

Visitation ne sont-elles pas aussi « des fruits de Montmartre ? »

« A la vue de tant de créations admirables de la Providence de Dieu au centre de la France, je ne puis que m'écrier : O mon Dieu, vous avez aimé notre patrie, mais c'est à Montmartre que vous avez concentré les témoignages de votre miséricorde et de l'amour de votre Divin Cœur.

« Le Sacré-Cœur! oh! ce Divin Cœur de Jésus a-t-il attendu le dix-neuvième siècle pour prendre possession de cette butte privilégiée? Non, non! Écoutez :

« Vers la fin du dix-septième siècle, vous le savez, le Sacré-Cœur se penche vers un humble monastère, verse ses secrets et demande une fête en son honneur.

« Or, aux mêmes années, écoutez des voix angéliques qui chantent, jour et nuit, sur les hauteurs de Montmartre. Quels accents !

Gaudeamus exultantes
Cordis Jesu personantes
Divina præconia.

« Réjouissons-nous, tressaillons d'allégresse en chan-
« tant les louanges et en exaltant les divines prérogatives
« du Cœur de Jésus. » On chante déjà le Sacré-Cœur!

« Un apôtre de feu avait paru dans l'abbaye des Bénédictines vouées à l'adoration et à la réparation : il avait prêché l'amour, il avait parlé du Sacré-Cœur, il avait enflammé les âmes de cette dévotion. Montmartre avait devancé les suaves demandes du Sacré-Cœur à Paray-le-Monial, et elle était dès lors la montagne prédestinée des grandes manifestations du Sacré-Cœur de Jésus.

« J'ai vu une charmante gravure reproduisant une vi-

sion de Paray. Le Sacré-Cœur se révèle une fois encore à la Bienheureuse, et celle-ci jette ses regards sur une montagne tout embrasée, au milieu de laquelle s'élève la Basilique du Sacré-Cœur. Et au bas de cette gravure, j'ai lu ces mots de la Bienheureuse : « Il me fut repré-
« senté un lieu fort éminent, spacieux et admirable en sa
« beauté, au centre duquel il y avait un trône de flamme,
« dans lequel était l'aimable Cœur de Jésus avec sa plaie,
« laquelle jetait des rayons si lumineux que tout ce lieu
« en était éclairé et réchauffé. »

« Qui ne devine que la Bienheureuse entrevoyait Montmartre où le Sacré-Cœur devait se placer sur un trône de feu pour régner sur la France par ses miséricordes et par son amour.

« La Révolution ne s'y trompa point. Elle comprit qu'à Montmartre s'étaient concentrées toutes les gloires religieuses et nationales. Elle y porta les coups les plus dévastateurs. Abbaye détruite, religieuses guillotinées, reliques dispersées, martyrium détruit de fond en comble : tels furent ses hauts faits. Ne pouvant dans sa rage raser la Butte, elle aurait voulu en détruire jusqu'au nom lui-même, en l'appelant *Mont Marat*. Bonaparte rêva d'y faire reposer sa gloire dans un temple de la Paix, dont il avait conçu le projet : projet que reprit plus tard Napoléon III.

« Mais Dieu gardait la sainte montagne. Elle était prédestinée à redevenir le centre de la France pénitente et dévouée au Sacré-Cœur. Il faudrait pour redire ce que le Sacré-Cœur a fait depuis vingt ans le demander à toutes les âmes qui sont venues prier et respirer sur la colline.

« Dans le pèlerinage que conduisait naguère Mgr de Saint-Dié, se trouvait une pauvre Alsacienne, Française toujours par le cœur. Elle était rayonnante et versait des larmes de joie. Causant avec des chapelains, elle en donna le motif. « Ah ! dit-elle, je n'avais pas « respiré depuis vingt-trois ans ! »

« Comme la pauvre Alsacienne, la France retrouvera toujours à Montmartre la douce et rafraîchissante brise nationale.

« Oui, oui, le Sacré-Cœur a fait de grandes choses à Montmartre pour la France. C'est là que dans tous les siècles, il l'a le plus aimée.

« Sans doute, Il l'a aimée partout, Il l'a aimée sur cent champs de bataille où « Il se montrait bon fran- « çais. » Il l'a aimée dans tant de lieux saints, où il a versé ses grâces abondantes. Mais nulle part, il ne l'a aimée comme à Montmartre.

« C'est le trône d'amour.

« Aussi a-t-on dit cette parole : « Celui qui ne respecte pas Montmartre n'est ni chrétien ni français. » Le Sacré-Cœur et la France sont là entrelacés. Notre-Seigneur ne cesse de presser avec amour sur sa poitrine adorable sa fille bien-aimée, sa nation chérie. Qui pourrait l'arracher de cette étreinte ?

« O France, si l'amour seul te gagne et te ravit, si on règne sur toi en te montrant du cœur, qui donc est ton Seigneur et ton Roi ?

« Regarde ! Ailleurs, on t'exploite, on te trahit, on te conduit aux abîmes. Mais à Montmartre, le Sacré-Cœur te contemple et t'aime toujours malgré tes infidélités et tes folies, le Christ aime toujours les Francs !

« Donc, ô France ! à genoux, avoue — il n'y a pas de honte à cela — avoue que tu es vaincue par l'amour du Sacré-Cœur, et pousse le cri que nos pères redisaient il y a deux cents ans : Vive le Cœur de Jésus, roi et centre de tous les cœurs, qu'il règne en France sur tous nos cœurs. *Vivat Cor Jesu rex et centrum omnium cordium, regnet super omnia cordia!*

II

« La France se laisse-t-elle saisir et fasciner par cet amour immense de Jésus-Christ?

« Un observateur superficiel, ou simplement morose, nous répondrait volontiers : « Hélas! ne voyez-vous « pas l'indifférence, l'ingratitude, la haine, la persécu- « tion, répondre à ces avances si touchantes? »

« Et moi, je vous réponds : Ne voyez-vous pas l'amour répondant de plus en plus à l'amour, les œuvres catholiques se multipliant pour étendre le règne du Christ?

« Voyez seulement ce congrès de Lille. En considérant toutes ces œuvres qui tour à tour ont montré leur vitalité et leurs progrès, en voyant en particulier cette magnifique Université catholique qui est la gloire de Lille et fait l'admiration de toute la France, je me disais : Voilà les pulsations du cœur de la France, et ces pulsations proclament la puissance de l'amour.

« Vous dites : « Regardez les montagnes d'iniquités qui s'amoncellent. » Et moi je dis : Regardez la montagne de l'amour pénitent et dévoué.

« Regardez Montmartre!

« Mon rôle ne consiste pas à énumérer tout ce que la France a fait pour le Sacré-Cœur dans le monde, comment elle a été l'apôtre, le défenseur de la dévotion des derniers temps.

« Mais que fait la France à Montmartre?

« La France élève le monument national.

« La France prie dans l'adoration réparatrice.
« La France attend dans les plus fermes espérances. »

Le reste du discours est le développement des œuvres qui s'accomplissent à Montmartre et que nous ferons connaître plus complètement dans les diverses parties du guide.

PRÉCIS HISTORIQUE

MONTMARTRE AUTREFOIS

I. — Le Mont de Mars. — S. Denis

Dans un sermon de charité prêché en 1840, le Père Lacordaire appelait Montmartre une montagne « prédestinée dans l'ordre de la nature comme dans l'ordre de la grâce. » — C'est « l'œil et le cœur de la France, » avait déjà dit, au dix-septième siècle, l'abbé Doublet, doyen de l'Abbaye de Saint-Denis; « c'est le lieu le plus saint et le plus sacré de la patrie ; c'est une montagne plus chère que le Liban, que Jésus-Christ a choisie pour y faire découler les eaux les plus abondantes de ses faveurs pour le bien de tout l'univers et l'utilité singulière, non seulement de la ville de Paris et des lieux circonvoisins, mais aussi de toute la France. Ceux qui ne respectent pas Montmartre ne sont ni français, ni chrétiens.

Au premier siècle de notre ère, cette montagne était boisée, fertile, arrosée de nombreuses fontaines. Mars et Mercure y avaient leurs temples.

Au milieu du bouleversement général qui accompagna la Passion de Notre-Seigneur Jésus-Christ, au moment où la lance du soldat Longin fit jaillir du Cœur de Jésus l'eau et le sang qui devaient régénérer le monde, un jeune sophiste d'Athènes, Denis l'Aréopagite, s'écriait : « Ou le Dieu de la nature souffre, ou toute la machine du monde va se détruire. »

Montmartre au XVIIe siècle.

Quinze ans plus tard, saint Paul baptisa Denis et l'établit premier évêque d'Athènes. Bientôt, sur les conseils de saint Jean, le saint Pontife se dirigea vers les Gaules et arriva à Paris.

« Il se mit à prescher les Parisiens, payens et gentils, en la montagne de Mars[1], accompagnant ses paroles d'œuvres miraculeuses ; et par sa science et par sa sainte vie, il en convertit un grand nombre... » Alors on commença « de grandement honorer et prier Notre-Dame... » Le préfet des Gaules s'effraya des succès de l'Apôtre ; il le cita à son tribunal. Puis, « à cette montagne[2] fut mené Monseigneur saint Denis et ses compaignons pour sacréffier à Mercure... et pour ce qu'il ne le voult faire, fu ramené li et ses compaignons jusques au lieu où est sa chapelle, et là furent tous décollés. » Mais, « recueillant sa teste[3] qui estait tombée à ses pieds, saint Denys la mit entre ses mains comme s'il eust porté la couronne et le trophée de ses victoires... Si on vid gens estonnez au monde, ce furent les chrestiens et même les payens et surtout les satellistes et bourreaux qui scachans bien asseurément d'avoir tranché la teste, estaient quasi hors d'eux-mêmes voyant ce mort, qui s'en allait ainsi : plus que tous le préfect pensa crever de douleur, voyant qu'il avait affaire à des gens qui vivaient encore après leur mort, et que des anges innumérables avaient été oüys de ceux mêmes qui ne croyaient pas autrement aux anges. » « Ce jour-là[4] fut envoyée une armée de saints de Paris en paradis pour estre les patrons de la France. Il y eut tant de personnes égorgées que le sang coulait à val la montagne en grande abondance encore tout fumant. » « Et pour cette cause[5] ce mont qui avant avait le nom de Mercure, pardi son nom et fu appelé le mont des Martyrs, et encore est. »

1. Doublet. — 2. Raoul de Presles. — 3. P. Binet, 1629. — 4. Doublet. — 5. Raoul de Presles.

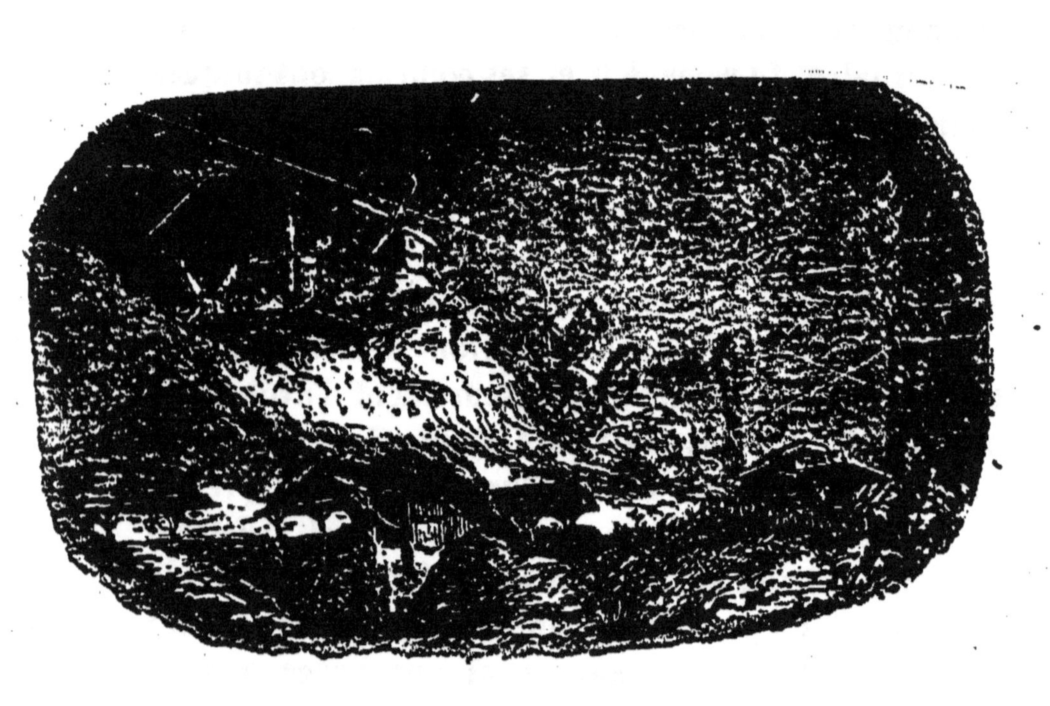

II. — Le Mont des Martyrs. — La Chapelle du Martyre

En souvenir de saint Denis et de ses compagnons, le nom de Mont de Mars fit dès lors place à celui de *Mons Martyrum* ou Montmartre. On éleva même au lieu du martyre une chapelle ou *Martyrium*, qui devint l'un des sanctuaires les plus célèbres des Gaules; on y vit accourir toutes les classes de la société.

Les évêques avant de prendre possession de leur siège, gravissaient la sainte colline: un grand nombre de prêtres venaient y célébrer la messe. Le Chapitre de Notre-Dame, les paroisses de Paris s'y rendaient processionnellement chaque année. La procession septennale des Religieux de saint Denis, établie sur la demande de Dagobert Ier, était d'une solennité exceptionnelle.

Que de rois, que de grands politiques sont venus à Montmartre, dans le cours des siècles, prier, se repentir ou rendre grâces!

Le 15 août 1534, Ignace de Loyola et ses compagnons se présentèrent aux portes du sanctuaire. L'un d'eux, le P. Lefèvre, célébra la sainte messe dans la petite crypte du *Martyrium*; tous communièrent de sa main et prononcèrent leurs premiers vœux, posant ainsi les fondements de la célèbre Compagnie de Jésus.

Bien d'autres ordres religieux se rattachent à Montmartre par des souvenirs de famille. Citons les Bénédictines du Saint-Sacrement, les Lazaristes, les Sulpiciens, les Oratoriens, les Carmélites espagnoles, les Ursulines, les religieuses de la Visitation, les religieux du Vénérable Père Eudes, etc.

En gravissant la sainte colline, nous pourrions à chaque pas tomber à genoux et baiser le sol en disant : Ici a passé un saint! Par respect pour cette terre sanctifiée un Pape accorda plusieurs jours d'indulgence chaque fois qu'on la baiserait.

Quelle admirable procession de saints personnages ne voyons-nous pas, en effet, se succéder à Montmartre! Saluons sainte Geneviève et sainte Clotilde, saint François de Sales et ses premières Filles, saint Vincent de Paul et Mlle Legras, la Bienheureuse Marie de l'Incarnation, le Père Eudes, etc.

Plusieurs Papes ont gravi en pèlerins la sainte colline. Nommons entre autres le Bienheureux Eugène III qui, le 21 avril 1147, y consacra l'église Saint-Pierre. A cette cérémonie, saint Bernard remplissait les fonctions de diacre, et Pierre de Cluny celles de sous-diacre.

Ces visites apostoliques font naître en nous une espérance, du moins un désir. Quand la dernière pierre de l'église du Sacré-Cœur sera posée, quand les rayons dorés de ses coupoles porteront la joie dans tous les cœurs, ô Vicaire de Jésus-Christ, ne quitterez-vous pas un moment la Ville éternelle pour venir consacrer notre monument national et pour bénir la France, la fille aînée du Sacré-Cœur!

III. — L'abbaye de Montmartre, 1793-1871

Nous ne pouvons faire ici l'histoire de la célèbre abbaye bénédictine de Montmartre et de ses 43 abbesses. (1133-1793). Combien Notre-Seigneur Jésus-Christ et la Sainte Vierge furent glorifiés pendant six siècles dans ce monastère ! On y chanta même les louanges du Cœur de Jésus et du Cœur de Marie, plusieurs années avant les révélations faites à la Bienheureuse Marguerite-Marie. Le P. Eudes, appelé à Montmartre par l'abbesse Françoise de Lorraine (1661), fit adopter dans le couvent l'office qu'il avait composé à la gloire de ces Cœurs Sacrés. Le Cœur de Jésus ne semblait-il pas désigner, deux siècles à l'avance, l'emplacement du temple où il voulait recevoir les hommages de la France ?

Le 24 juillet 1793, Marie-Louise de Laval de Montmorency, dernière abbesse de Montmartre, fut condamnée à mort par le tribunal révolutionnaire.

Mais, avant de devenir la montagne du Sacré-Cœur, Montmartre devait être la montagne de la terreur et du scandale, et prendre le nom de *Montmarat*. L'abbaye fut démolie et l'église de Saint-Pierre transformée en temple de la Raison ; le marteau dévastateur n'épargna pas la chapelle du Martyre.

Après l'orage de 1793, la Restauration donna des jours plus sereins à la sainte colline, qui reprit son nom glorieux de Mont des Martyrs ; un Calvaire, établi autour de l'église paroissiale, permit de renouer la chaîne des pèlerinages un instant interrompue. Montmartre redevenait la montagne de la prière, quand la

Commune de 1871 en fit encore le boulevard de la terreur. C'est là que tombèrent les généraux Lecomte

Montmartre en 1870.

et Clément Thomas; du sommet de cette colline le canon tonna, répandant partout l'effroi et la mort.

Tirons un voile sur ce lugubre tableau; voici venir l'ère du Sacré-Cœur.

MONTMARTRE AUJOURD'HUI

I. — Origine du Vœu National (1689)

Au mois d'août 1689, à la suite de plusieurs révélations, la Bienheureuse Marguerite-Marie écrivait que « Notre-Seigneur voulant se servir de la France pour réparer les outrages qu'il a reçus depuis sa Passion, demandait l'érection d'un édifice à la gloire de son divin Cœur, pour y recevoir la consécration de toute la France. » Il voulait en outre « que l'image de son Sacré-Cœur fût honorée dans toutes les familles; et qu'elle fût placée sur les étendards: enfin que les représentants de l'autorité en France sollicitassent du Saint-Siège, l'approbation de la messe et du culte du Sacré-Cœur pour toute l'Eglise. »

De merveilleuses promesses accompagnaient le mandat divin : « Toutefois, ajoutait la Bienheureuse Marguerite, l'entreprise est bien difficile, tant pour les grands obstacles que Satan se propose d'y mettre que pour les autres difficultés que Dieu permettra; il y faudra beaucoup de temps et rien moins que la toute-puissance de Dieu ; il faut beaucoup prier. »

Il fallut, en effet, plus de deux siècles d'attente avant la réalisation complète des demandes divines. Pourquoi Louis XIV, que Notre-Seigneur avait daigné appeler *le Fils aîné de mon Sacré-Cœur*, n'exécuta-t-il pas le glorieux mandat qui lui était confié? C'est un mystère historique que l'avenir pourra éclaircir. Marie Leczinska et le Dauphin, il est vrai, firent dresser dans le palais de Versailles un autel dédié au Cœur de Jésus. Dieu voulait davantage. L'orage révolutionnaire le fit comprendre au petit-fils de Louis XV. Dans une perquisition faite au Temple, les commissaires de la Révolution trouvèrent une image du Sacré-Cœur, avec un acte de consécration de la France au Cœur de Jésus, signé de la reine Marie-Antoinette et de madame Elisabeth, sœur du roi. Le 21 septembre 1792, Louis XVI disait dans un vœu mémorable : « Si Dieu me fait la grâce de recouvrer ma liberté et la puissance royale, je promets de consacrer solennellement ma personne, ma famille et mon royaume au Cœur de Jésus, d'ériger et de décorer à mes frais une chapelle dédiée au Sacré-Cœur. » Il était trop tard ; le 21 janvier 1793 arriva.

Sous la Restauration, on put espérer que le vœu de Louis XVI allait enfin s'accomplir. Sœur Marie de Jésus, religieuse du couvent des Oiseaux, à Paris, sut par révélation que Notre-Seigneur désirait ardemment que ce vœu du roi martyr fût exécuté. Des démarches furent faites dans ce but près de Louis XVIII ; mais ce prince resta sourd à ces avertissements.

Sous le second Empire, les évêques de France, réunis à l'occasion du baptême du prince impérial, demandèrent à Rome que la fête du Sacré-Cœur fût étendue au monde catholique. Pie IX réalisa ce pieux désir par un décret du 23 août 1856.

Ce n'était que l'exécution de l'un des points du message de 1689. Notre-Seigneur voyant que demandes, promesses, tout était inutile, fit retentir son tonnerre dans la désastreuse guerre de 1870-71.

II. — Le Vœu de Poitiers

La France, étonnée elle-même de ses défaites, chercha un remède à ses affreux malheurs. Éclairés à la lueur sanglante de nos désastres humainement inexplicables, les vrais chrétiens comprirent d'où venaient ces malheurs : Quand Dieu était avec nous, disait-on de toutes parts, personne ne pouvait nous résister; maintenant, Dieu est contre nous, rien ne pourra nous sauver.

Deux éminents chrétiens, M. Legentil et M. Rohault de Fleury, unis entre eux par les sentiments d'une foi vive et ardente, plus encore que par les liens de la parenté, se trouvaient à Poitiers. Vivement attristés des malheurs de la patrie, ils demandaient à Dieu avec instance de pouvoir se rendre utiles à leur pays. Une occasion se présenta bientôt.

Les Lyonnais avaient fait vœu de reconstruire le sanctuaire de Fourvières, s'ils étaient préservés de l'ennemi. M. Beluze, le fondateur du Cercle catholique du Luxembourg, à Paris, écrivit à M. Baudon, président général de la société de Saint-Vincent-de-Paul, pour lui faire part de cette nouvelle. Il lui demandait en même temps s'il ne serait pas possible de faire adopter aux Parisiens un vœu analogue.

M. Baudon fut frappé de la beauté du projet; il le communiqua immédiatement à M. Legentil : « Ne pourrait-on pas, lui écrivait-il, promettre de bâtir, à Paris, comme ex-voto, une église dédiée à Notre-Dame de la Délivrance? — Oui, répondit M. Legentil, mais dans la formule du vœu substituons le nom du Sacré-Cœur à celui de la Sainte Vierge. » M. Baudon fut charmé du changement.

M. Legentil et M. Rohault de Fleury, son beau-frère, s'unirent pour la réalisation de l'entreprise, et commencèrent par intéresser leurs amis à l'œuvre naissante. Deux religieux éminents leur vinrent en aide : le T. R. P. Jandel, maître général des Frères Prêcheurs et le R. P. Ramière, S. J., directeur du *Messager du Sacré-Cœur.*

La formule primitive du Vœu de Poitiers fut élargie :

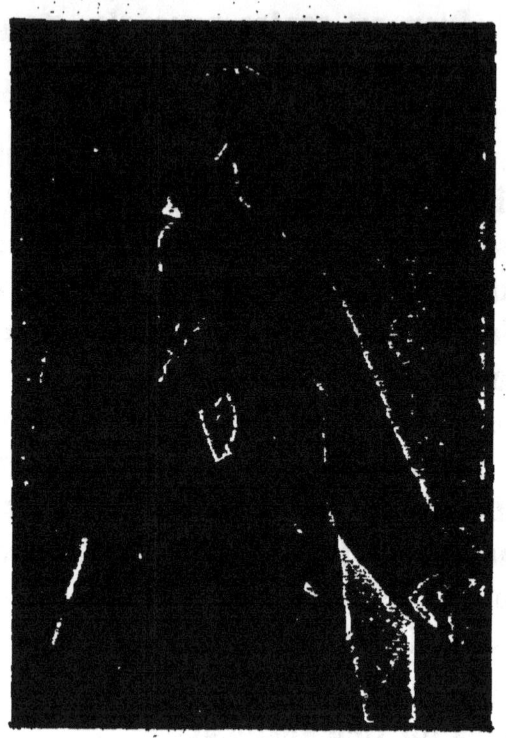

M. Alexandre Legentil.

au lieu de Paris seulement dont il était question tout d'abord, elle embrassa le salut de la France entière et le triomphe de l'Église.

III. — Le Cardinal Guibert. — La formule du Vœu national

Pie IX encouragea les ardents promoteurs de l'Œuvre du Vœu national par la plus affectueuse bénédiction; et plus tard, avec son approbation, il envoya un calice destiné à la chapelle provisoire, et une somme de 20.000 francs pour la construction de la nouvelle église.

Sur ces entrefaites, Mgr Guibert fut transféré du siège de Tours au siège de Paris. Il n'était pas encore cardinal; ce fut seulement le 22 septembre 1873 qu'il reçut la pourpre romaine avec le titre de Saint Jean devant la Porte Latine. Deux ans plus tard, il demanda pour collaborateur Mgr Richard, évêque de Belley, qui fut préconisé archevêque de Larisse, coadjuteur de Paris, avec future succession (5 juillet 1875).

En arrivant à Paris, Mgr Guibert, instruit du grand projet qui préoccupait les catholiques de la capitale, dit aux promoteurs de l'entreprise qu'il faisait l'œuvre sienne.

Cependant, tout en approuvant le Vœu national, Mgr Guibert apporta une modification importante à la forme conditionnelle de ce vœu. Il demanda qu'on fît une promesse absolue : « Il ne faut poser aucune condition à Notre-Seigneur, dit-il, mais nous rendre à merci. » Notre-Seigneur, en effet, n'avait-il pas promis de donner à la France ses plus abondantes bénédictions lorsqu'elle aurait élevé un temple à son divin Cœur et qu'elle se serait consacrée à Lui ?

Voici la formule définitivement adoptée :

« En présence des malheurs qui désolent la France, et des malheurs plus grands peut-être qui la menacent encore; — En présence des attentats sacrilèges commis à Rome contre les droits de l'Église et du Saint-Siège, et contre la personne sacrée du vicaire de Jésus-Christ; — Nous nous humilions devant Dieu, et, réunissant dans notre amour l'Église et notre patrie, nous reconnaissons que nous avons été coupables et justement châtiés; — Et pour faire amende honorable de nos péchés et obtenir de l'infinie miséricorde du Sacré-Cœur de Notre-Seigneur Jésus-Christ le pardon de nos

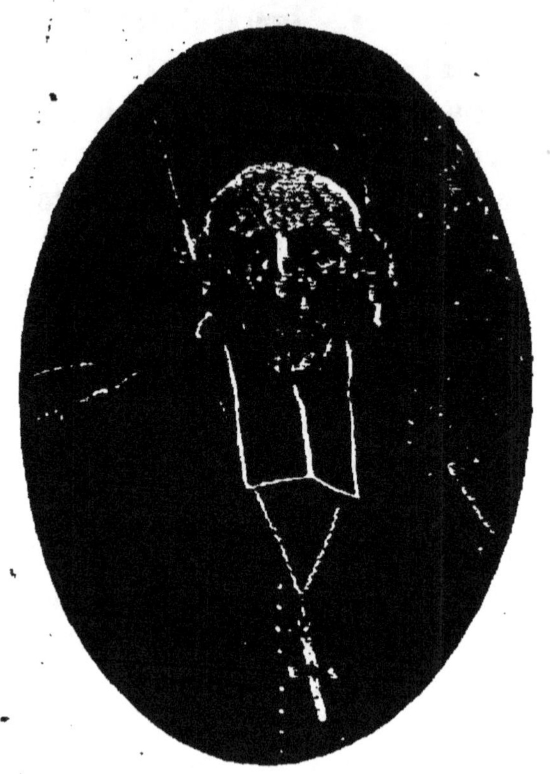

Son Eminence le Cardinal Guibert.

fautes, ainsi que les secours extraordinaires qui peuvent seuls délivrer le Souverain Pontife de sa captivité et faire cesser les malheurs de la France, nous promettons de contribuer à l'érection à Paris d'un sanctuaire dédié au Sacré-Cœur de Jésus. »

Cette formule est parfaitement résumée dans la devise qui doit être gravée au frontispice du monument : *Sacratissimo Cordi Jesu Christi Gallia pœnitens et devota !* — Elle fut commentée, du haut de la chaire de Notre-Dame, par le R. P. Monsabré, dans un magnifique discours qui servit puissamment la propagande de l'œuvre.

IV. — Choix de l'emplacement. — Loi du 25 juillet 1873

Il fallait choisir l'emplacement de la nouvelle Basilique. Divers projets furent présentés : « Elle ne peut être qu'à Montmartre, dit Mgr Guibert; c'est la montagne sainte de Paris. »

L'œuvre était assurée; tous les vrais catholiques de France l'acclamaient; mais elle n'avait pas encore le caractère national demandé par Notre-Seigneur Jésus-Christ. Il fallait pour cela un décret officiel du Gouvernement. Mais comment obtenir un tel acte religieux de l'Assemblée nationale qui formait, à vrai dire, ce qu'on appelle le Pouvoir!

La foi de Mgr Guibert surmonta cet obstacle. Il soumit donc son projet à cette Assemblée, qui, le 25 juillet 1873, après un débat peut-être unique dans l'histoire, déclara, à une majorité de 244 voix, par une loi spéciale, qu'il était d'*utilité publique* d'ériger un monument au Sacré-Cœur[1]. En conséquence, l'archevêque de Paris était autorisé à acheter, même par voie d'expropriation, l'emplacement nécessaire; et ses successeurs sur le siège de Paris étaient reconnus comme propriétaires incommutables du monument. La Basilique du Sacré-Cœur devenait par là l'*ex-voto* de la France!

1. Dans le texte de la loi le nom du Sacré-Cœur n'est pas prononcé, mais ce que le texte n'exprime pas, la discussion même du projet l'a proclamé hautement. C'est le Sacré-Cœur de Jésus qui a été l'objet constant du débat; le radicalisme le repoussait, la majorité l'a fait triompher.

Tous les députés qui votèrent cette loi comprirent-ils l'importance de leur acte? Nous ne le savons. Mais il y a dans ce vote quelque chose de si extraordinaire qu'on est obligé de s'écrier : *Digitus Dei est hic!* « Le doigt de Dieu est là! » Une Assemblée française qui, presque à l'unanimité, déclare dans une loi qu'il est d'utilité publique que la France élève au Sacré-Cœur un temple, monument de son repentir et garant de ses promesses! Et cela en face des monuments encore fumants de l'incendie de la Commune! *Hæc mutatio dexteræ Excelsi!* Dieu seul a pu opérer un tel changement! Il lui avait fallu deux siècles pour le préparer. Ce que la bienheureuse Marguerite-Marie n'avait pu obtenir de Louis XIV, ce que Louis XVI avait promis dans sa prison, l'Assemblée nationale de 1873 le réalisait!

Ce vote donna un vif élan à l'œuvre du Vœu national. Les souscriptions affluèrent : à la fin de 1873, elles atteignaient le chiffre d'un million.

V. — Le Concours. — Plan Abadie. — La première pierre

L'heure était venue de songer à l'érection de la Basilique. Pour donner au monument un caractère vraiment national, on voulut que le plan fût en quelque sorte l'œuvre du génie de la France. On ouvrit un concours dont une commission artistique régla les conditions, et l'on choisit pour juges des hommes de premier mérite.

Ouvert le 1er février 1874, le concours devait se terminer le 30 juin de la même année, et les divers plans seraient exposés pendant vingt jours; après ce temps, le jury de l'exposition ferait le classement des projets et donnerait une prime de 1500 à 12.000 francs aux dix premiers plans. Tous les projets primés devaient

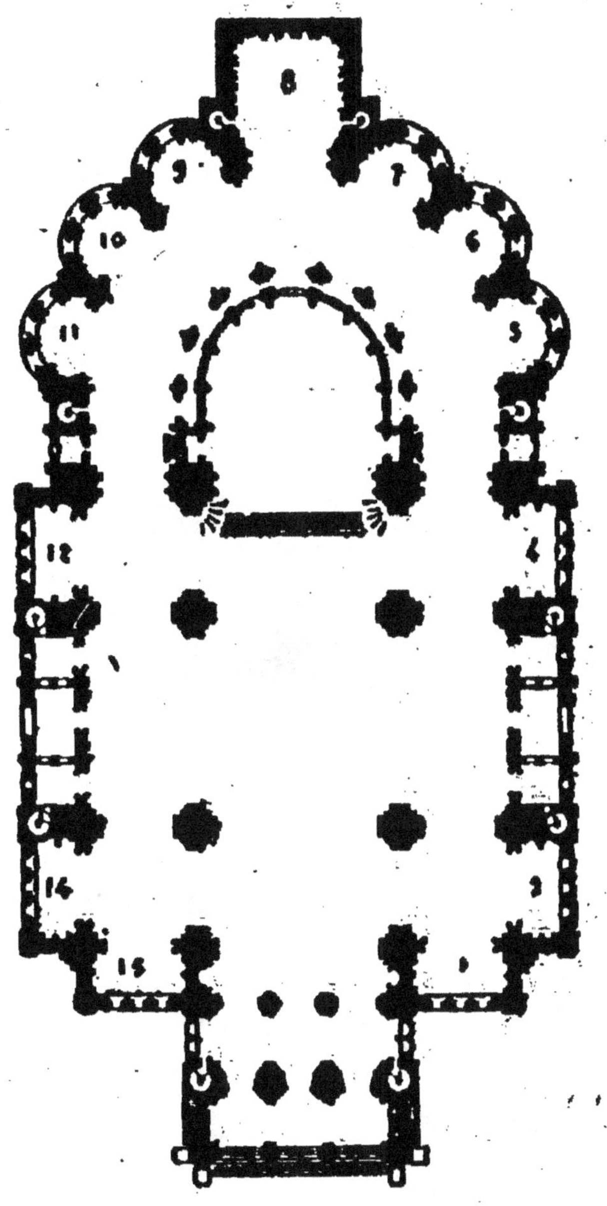

appartenir à l'archevêché qui se réservait, avec le choix de l'architecte, le droit de puiser dans chacun d'eux les éléments qui seraient à sa convenance.

Pose de la première pierre.

Soixante-dix-huit plans furent présentés, et plus de vingt mille personnes visitèrent l'exposition.

Le projet de M. Abadie l'emporta. Avec le premier prix, l'éminent architecte, futur membre de l'Institut, reçut de plus le mandat d'exécuter son plan.

Faisons une remarque. Sur soixante-dix-huit exposants, il n'y eut que cinq ou six projets dans le style gothique, tous les autres avaient adopté la coupole byzantine. Cette unanimité frappa vivement le jury et suffit, à elle seule, pour réfuter toutes les objections faites contre le projet de M. Abadie.

VI. — Premiers travaux. — Les 83 puits

Avant de bâtir, il fallut s'assurer du sol qui devait supporter les fondements de la basilique. Les anciennes carrières de Montmartre, exploitées pendant des siècles, ne se trouvaient-elles pas sous l'emplacement désigné? Des travaux d'exploration furent faits; ils montrèrent que, si les anciennes exploitations avaient respecté la partie de la butte Montmartre sur laquelle devait s'élever l'église du Sacré-Cœur, la montagne entière n'était composée que de couches de sable ou de terre glaise. Comment asseoir un monument colossal sur un sol si mouvant?

M. Abadie proposa alors d'établir un banc de caillasse courant horizontalement à 11 mètres du sol, et d'étendre sur ce banc ferme, mais peu épais, une forte planche de béton de 4 mètres d'épaisseur environ, de façon à former un roc factice qui servirait de base à l'édifice.

Ce système n'offrant pas une solidité suffisante, M. Alphand, directeur général des travaux de Paris, fit adopter un second projet, qui consistait à creuser

83 puits descendant jusqu'à la couche solide du sol. Ces puits de 33 mètres de profondeur, dont 25 auraient 5 mètres de largeur et les autres un diamètre un peu moindre, comblés de meulière et de chaux hydraulique et reliés entre eux par des arcatures puissantes, formeraient 83 gigantesques piliers souterrains qui soutiendraient les murs et les colonnes de l'édifice.

Au point de vue scientifique, le plan de M. Alphand offrait toutes les garanties désirables, mais c'était une œuvre colossale à entreprendre; cela revenait à dire : démolissez une montagne de sable et de terre glaise, et faites-en une de pierre. Ce travail de romains n'allait-il pas absorber des millions? Il y eut un moment d'hésitation. On parlait même de choisir un autre emplacement: mais le cardinal Guibert maintint avec une fermeté inébranlable son premier choix. C'est le 24 mai 1876, fête de Notre-Dame Auxiliatrice, à six heures du soir, qu'il signa l'adoption du projet ; et, le 5 juin, les travaux des fondations commencèrent.

Coïncidence vraiment digne de remarque: cinq années auparavant, le même jour et à la même heure (mercredi 24 mai 1871, six heures du soir), la Commune décrétait la mort des otages!

VII. — La chapelle provisoire

Pie IX avait dit à M. l'abbé Lagarde, vicaire général de Paris : « La construction de la Basilique sera bien longue, il faudrait que la prière commençât avant son achèvement. » Pour répondre à ce désir du Souverain Pontife et aussi à l'empressement des fidèles qui avaient repris le chemin de Montmartre depuis la pose de la première pierre, le cardinal Guibert bénit une chapelle provisoire, le 3 mars 1876.

Chapelle provisoire.

Ce fut le signal d'un ébranlement général vers le mont des Martyrs devenu la montagne du Sacré-Cœur. Du 3 mars au 15 août, toutes les paroisses, toutes les institutions religieuses de Paris vinrent successivement s'agenouiller devant le Sacré-Cœur et lui dire : Que votre règne arrive! Simultanément avec Paris, la

Echafauds pour la construction de la Crypte.

France s'ébranla, non encore en masses, mais par groupes isolés ; et, à la fin de l'année 1870, les registres de l'œuvre avaient enregistré des pèlerinages de toutes les parties de la France. Nous pouvons même dire que, dès cette première année, tous les pays du monde envoyèrent quelques délégués dire au Sacré-Cœur : Nous voulons que vous régniez sur nous ! 140,760 pèlerins, dont 29 évêques, visitèrent le nouveau sanctuaire, 114,000 intentions y furent recommandées, et 28,000 communions distribuées pendant l'espace de dix mois. Le pèlerinage de Montmartre était fondé. Comment expliquer cet élan irrésistible entraînant les foules pieuses vers une pauvre chapelle dont on ne parlait pas hier ? « Le doigt de Dieu est là ! » Disons aussi : « Le Cœur de Dieu est là ! » Telle est la cause de cette miraculeuse et subite affluence.

VIII. — Les Souscriptions

Pour réaliser l'œuvre il fallait des millions, et de nombreux millions. Contrairement à toutes les prévisions humaines, malgré la difficulté des temps, l'amour du Sacré-Cœur multiplia les ressources avec une rapidité qui tient du prodige. Quelques mois après le premier appel, le comité de l'Œuvre avait reçu plus de 600,000 francs (juillet 1873). — A la fin de la même année les offrandes s'élevaient à un million ; en 1891, elles avaient atteint 24 millions ; le 30 avril 1896, elles étaient de 29 millions 203,016 francs.

Rien de plus monotone, mais rien de plus édifiant à lire que les longues listes de souscriptions publiées dans le *Bulletin du Vœu National*. On y rencontre peu de dons considérables, mais on y voit des offrandes envoyées par toutes les classes de la société, de tous les points de la France et du monde. Ces dons d'originés si diverses, donnent à l'œuvre un caractère vraiment national ou plutôt catholique. On peut dire que

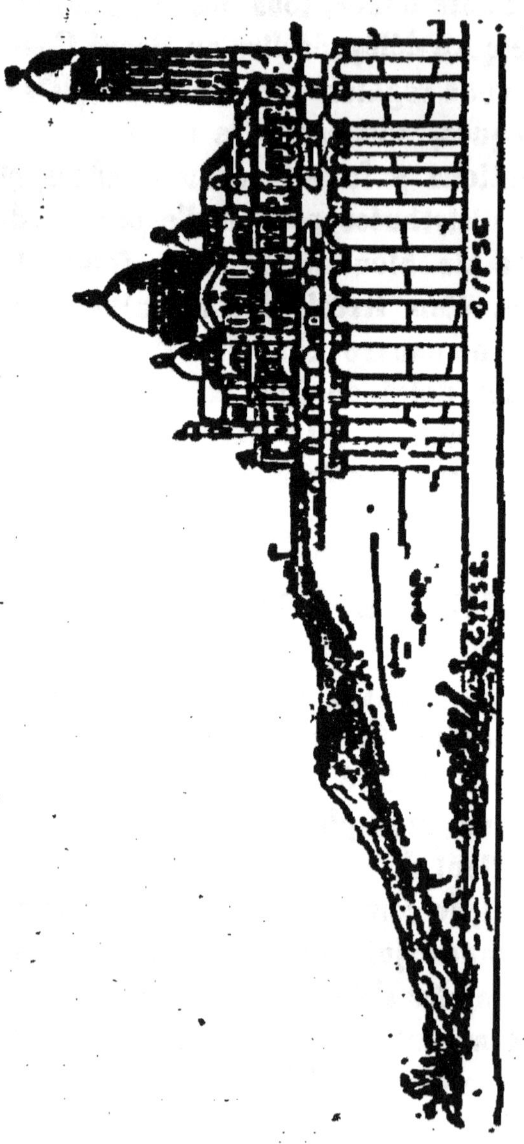

Substructions de l'église votive.

les diocèses, les villes, les paroisses de France se sont disputé pied à pied quelques colonnes, quelques pierres de la basilique.

Ce qu'il y a de plus remarquable dans ces souscriptions, c'est qu'elles sont toutes le résultat de l'amour divin et le fruit du sacrifice. Le Cœur de Jésus seul connait tout ce qu'elles ont coûté. On lui offre ce qu'on affectionne le plus : des alliances en or, des décorations, des bracelets, divers bijoux, des montres, des couverts d'argent, etc.; et les dons les plus considérables sont reçus sous le voile de l'anonyme. O pierres de la Basilique, quel admirable cantique vous chanterez ! *Lapides clamabunt !*

IX. — Les Epreuves

Notre-Seigneur avait dit à la Bienheureuse Marguerite-Marie : « L'œuvre ne se fera qu'à travers les plus grandes difficultés. » Cette parole prophétique se réalisa à la lettre. Une des premières épreuves fut la mort de M. Léon Cornudet, premier président du Comité du Vœu national, compagnon d'études et ami de l'illustre Montalembert. M. Cornudet était mieux à même que personne de rendre d'éminents services à l'entreprise. Il s'était dévoué à l'œuvre, et sa collaboration avait été très précieuse lors de la loi du 25 juillet 1873 et lors des formalités d'expropriation du terrain de Montmartre. Il ne lui a pas été donné de voir le commencement des travaux.

Au cours de l'année 1880, la presse antichrétienne se déchaîna avec violence contre l'église du Sacré-Cœur appelée un déshonneur pour Paris. Faisant écho à ces attaques, le conseil municipal adressa aux Députés une pétition pour le retrait de la loi du 25 juillet 1873. Un projet de loi rédigé dans ce sens par M. Delattre fut présenté à la Chambre; mais une lettre, chef-d'œuvre de bon sens et d'irrésistible logique, adressée par Mgr Guibert à la commission chargée de cette affaire, réduisit à néant les arguments des adversaires, et le projet fut abandonné.

En 1884, nouvelles épreuves pour le Vœu national : M. Abadie meurt subitement, le 2 août, laissant son œuvre inachevée. M. Daumet, l'architecte du Palais de Justice à Paris, est chargé de la continuer; mais comme il veut faire subir au plan primitif d'importantes modifications, il doit se retirer.

Le comité eut alors l'heureuse idée d'associer dans la direction des travaux deux hommes d'un grand talent : M. Rauline et M. Laisné.

C'est au milieu de ces conjectures difficiles que le vénéré cardinal Guibert quitta ce monde. Qu'allait devenir l'œuvre du Vœu national, dont il avait été l'ouvrier providentiel pendant treize ans? Elle ne sera pas arrêtée; Mgr Guibert se survivra dans Mgr Richard, un autre lui-même.

Trois années à peine après le Cardinal Guibert, le 14 janvier 1889, mourait M. Laisné architecte; et le 17 juin 1889, M. Alexandre Legentil, fondateur de l'œuvre, le suivait.

Nous avons signalé quelques-unes des épreuves apparentes. Il en est d'autres non moins grandes que Dieu connaît. Chaque fois que l'une d'elles surgit, nous songeons à cette parole du Sacré-Cœur à la Bienheureuse Marguerite-Marie : « Confiance ! J'arrêterai au passage ceux qui s'opposeront à mon règne ! »

X. — Mouvement religieux

L'ouverture de la chapelle provisoire avait été le signal d'un mouvement religieux qui ne s'arrêtera plus.

En dix-neuf ans, nous avons compté 6812 pèlerinages : plus de 1000 cardinaux, archevêques ou évêques sont venus déposer leur crosse devant l'autel du Dieu de la France.

111,156 prêtres pèlerins ont célébré la sainte messe dans le sanctuaire.

On a déjà distribué plus de trois millions de communions.

« Si j'étais poète, écrit un pieux religieux, je voudrais écrire l'histoire du sanctuaire de Montmartre en des vers magnifiques, sonores comme les alexandrins du beau siècle, souples et rapides comme l'allure de notre ère contemporaine. On entendrait, dans mon poème, les cantiques des pèlerins et la marche des processions. Les foules qui viennent ici seraient représentées en un tableau fidèle. Ces prêtres des campagnes, à la physionomie ouverte et loyale qui rappelle le bon air des champs ; ces religieux voués à l'exil et au sacrifice ; ces pontifes qui, de tous les points du monde, viennent ici prier et bénir ; ces religieuses innombrables, servantes des pauvres, des malades, anges de l'école ou de l'atelier ; ces jeunes filles souriantes qui chantent toujours sans se fatiguer jamais ; ces hommes jeunes ou âgés, ouvriers couverts de sueur, ou savants et orateurs couverts de gloire, je voudrais saisir au vol tous ces personnages et les réunir dans une gerbe poétique, comme des épis moissonnés çà et là et reliés par une ceinture de fleurs. Je chanterais le sanctuaire du Sacré-Cœur où se célèbre une fête perpétuelle, et rien ne m'échapperait des charmes de ce lieu béni. »

Archiconfrérie. — En 1876, pour perpétuer dans le sanctuaire du Sacré-Cœur de Montmartre la pensée d'expiation, de pénitence et d'invocation qui a inspiré le Vœu national, Mgr Guibert fonda une *Association de prières et de bonnes œuvres* en l'honneur du Sacré-Cœur. Elle fut érigée en Archiconfrérie, le 20 février 1877. Enfin, par un rescrit du 30 mars 1894, Léon XIII l'éleva au titre d'Archiconfrérie universelle, pouvant s'agréger toutes les confréries du monde[1].

Adoration. — Que dire de l'Adoration perpétuelle ? C'est le joyau de Montmartre ! Du 1er janvier au 31 décembre, Notre-Seigneur ne quitte jamais son Thabor. Le jour, de pieux pèlerins et des délégations d'œuvres ou de paroisses entourent le divin Maître; la nuit, de courageux chrétiens veillent au pied des saints autels.

En quinze ans, nous avons compté plus de 100,000 adorateurs.

A l'adoration perpétuelle, faite dans l'intérieur du sanctuaire de Montmartre, il faut joindre une autre œuvre qui en est le complément : *l'union des églises et chapelles du monde entier avec l'église du Sacré-Cœur*. Cette œuvre incomparable est approuvée déjà

1. Voir p. 102.

par 160 cardinaux, archevêques, évêques. Les 365 jours de l'année sont partagés entre ces diverses églises. Au jour choisi par chacune d'elles, le Très Saint Sacrement est exposé, autant que possible pendant vingt-quatre heures, et l'on prie en union avec Montmartre pour obtenir le règne universel du Sacré-Cœur, l'exaltation de la Sainte Église et du Saint Siège, la régénération de la Société par le culte de ce divin Cœur, et la protection divine sur le clergé, les ordres religieux, les vocations sacerdotales, apostoliques ou religieuses et les écoles chrétiennes.

Cette œuvre compte en 1896 plus de 6000 églises affiliées.

XI. — Quelques dates mémorables

Ne pouvant raconter en détail l'histoire de l'œuvre du Vœu national, mentionnons les principaux faits :

16 juin 1875. — Pose de la première pierre. Coïncidence merveilleuse! C'était le deux-centième anniversaire d'une des principales apparitions du Sacré-Cœur à la Bienheureuse Marguerite-Marie, le trentième de l'élection de Pie IX, et le jour choisi par le Pape pour la consécration de l'Église universelle au Cœur de Jésus. La fête eut un éclat resplendissant : 10 évêques, 150 députés, une foule immense environnaient le vénéré Cardinal Guibert. Un télégramme de Pie IX, reçu au milieu de la cérémonie, fut accueilli avec un enthousiasme indicible.

3 mars 1876. — Le cardinal Guibert inaugure la chapelle provisoire.

21 avril 1881. — Son Éminence célèbre la première

messe dans le sanctuaire votif. La première chapelle inaugurée dans la basilique du Sacré-Cœur fut celle de Saint Martin, apôtre des Gaules.

10 novembre 1887. — Son Éminence Mgr Langénieux, cardinal-archevêque de Reims, entouré de 16 évêques, de 200 prêtres, au milieu d'une affluence extraordinaire, bénit solennellement les deux absides.

Juin 1889. — A l'occasion du 200e anniversaire de la demande du sanctuaire de Montmartre faite par Notre-Seigneur Jésus-Christ à la Bienheureuse Marguerite, plus d'un million de consécrations individuelles reçues de toutes les parties du monde sont inscrites au Livre d'or de l'église.

5 juin 1891. — Fête du Sacré-Cœur. Bénédiction et inauguration solennelle de la Basilique par Son Eminence Mgr Richard, cardinal-archevêque de Paris, entouré de seize évêques et au milieu d'un concours qui ne s'était jamais vu.

XII. — Conclusion. — Double but de ce précis

Cette histoire abrégée de l'œuvre du Vœu national a un double but : solliciter les ressources nécessaires à l'achèvement de la Basilique, et hâter la consécration officielle et solennelle de la France au Sacré-Cœur.

Le Sacré-Cœur a demandé deux choses principales : Un monument en son honneur et une consécration nationale faite dans ce temple.

Après deux siècles de délai, éclairée par ses malheurs, la France a fait le vœu de bâtir le monument demandé.

La Basilique est livrée au culte, il est vrai, mais les

coupoles, le campanile et les décorations manquent.

« Il faut que la basilique jaillisse, louange de marbre et d'or; il faut qu'elle croisse et fleurisse pour couronner Paris qui couronne la terre. Il faut que sa forme soit pure, ses murailles précieuses par la matière et par l'art. Je voudrais qu'il fût permis de tailler dans un seul diamant la vasque où couleront les trésors de la Charité infinie. Ce ne serait ni trop durable ni trop éclatant pour le don de la France, pour l'hommage qui vivra autant que les siècles. Qu'il soit incomparable dans sa magnificence, le palais de votre tendresse, ô Jésus! Que rien n'égale sa beauté souveraine. Donnez avec profusion, vous qui avez reçu le redoutable dépôt de la richesse dont il vous sera demandé un compte si dur. Donnons aussi, nous qui sommes pauvres. Que l'opulence et l'indigence soient également prodigues, afin que l'*ex-voto* monumental de la France catholique soit en argent massif ou plutôt tout en or. Donnez, heureux; donnez, souffrants; donnez tous et donnez tout pour racheter l'âme de la patrie!... » (Paul Féval).

La Consécration officielle et solennelle de la France au Sacré-Cœur, c'est-à-dire la principale partie de la demande de Notre-Seigneur, reste complètement à faire; c'est le but spirituel à atteindre.

En attendant que cet acte important puisse s'accomplir, il convient de le préparer par des consécrations personnelles et par des hommages collectifs. Que chaque fidèle se consacre donc et propage la pratique des consécrations au Cœur de Jésus.

Les noms des paroisses, œuvres et personnes consacrées sont inscrits dans le *Livre d'Or* du Sanctuaire.

Ces registres, véritables annales du recensement des sujets fidèles du Sacré-Cœur sont placés dans le tombeau de l'autel du Sanctuaire. Toutes les communautés, paroisses et personnes qui n'y sont pas encore inscrites sont invitées à faire l'acte de consécration qui suit et à envoyer leurs noms au Supérieur des Chapelains (rue de la Barre, 31, Paris-Montmartre).

Sous ce titre : « Une belle page, » le *Bulletin du Vœu national* a fait paraître un article que l'on dirait prophétique et qui complètera le précis historique. Le lecteur nous saura gré de le reproduire.

« Au jour de la pose de la première pierre de la basilique du Sacré-Cœur, M. Léon Gautier écrivait une lettre que nous nous reprocherions de ne pas insérer ici. Le savant professeur de l'École des Chartes semblait soulever un coin du voile de l'avenir et annonçait en termes assez précis les destinées de Montmartre.

16 juin 1875

A TOUS LES CATHOLIQUES QUI N'ONT PAS VU POSER LA PREMIÈRE PIERRE DE LA BASILIQUE DE MONTMARTRE

« Ce jour est un de ceux qui seront grands dans l'histoire. La plupart des dates qu'on fait subir à la mémoire de nos enfants ne leur rappellent que des souvenirs sanglants. « Tel jour, cent mille hommes « sont tombés sur tel champ de bataille, et tel autre jour, « deux cent mille. Le sang coulait à ruisseaux, les « rivières roulaient des cadavres; l'épouvantement

« régnait. Cela s'appelle Austerlitz... ou Waterloo. » Telles sont les leçons que nos maîtres nous ont apprises et que nous apprenons nous-mêmes à nos élèves. Il est temps qu'à côté de ces dates lugubres, nous ayons enfin la hardiesse d'imposer à l'histoire quelques dates chrétiennes. Donc, nous espérons que, dans leurs livres les plus élémentaires, les fils de nos fils liront un jour le récit animé de cette noble et pacifique journée du 16 juin 1875. On leur dira que, le lendemain de désastres inénarrables, la France a considéré son abaissement comme le très juste châtiment de ses crimes; qu'elle s'est prosternée dans la poussière; qu'elle s'est frappé la poitrine, et qu'après s'être appelée, durant mille ou douze cents ans, « France la douce, France la bénie, France la glo« rieuse, » elle n'a plus aspiré à porter d'autre nom que celui-ci : *Gallia pœnitens*. On leur dira que cette nation, héroïquement repentante, a voulu faire, ce jour-là, une profession solennelle de sa vieille foi et affirmer la plénitude de sa croyance en Dieu, en Jésus-Christ et en l'Église. On leur dira que rien ne fut plus beau que ce spectacle d'une nation proclamant fièrement la vérité tout entière en choisissant, avec une admirable précision, le Sacré-Cœur de Jésus pour forme et pour objet de sa dévotion. Le Sacré-Cœur, c'est-à-dire l'incarnation et la rédemption, l'eucharistie et l'amour; le Sacré-Cœur, c'est-à-dire Jésus-Christ tout entier, offrant pour le salut du monde la circulation et l'effusion de son sang divin; le Sacré-Cœur c'est-à-dire le sacrifice donné en exemple à toute la race chrétienne. Oui la France égoïste et sensuelle d'hier, aspire à être aujourd'hui une France de dévouement et de sacrifice; elle prétend, elle veut, elle va reproduire en elle tous les traits du Modèle divin : *Sacratissimo Cordi Gallia pœnitens et devota.*

« Et voilà pourquoi, ce matin, la plus illustre des collines qui dominent Paris s'est couronnée soudain de multitudes recueillies et joyeuses. Voilà pourquoi, ce matin, toute l'élite de la France s'est trouvée réunie autour d'une croix, sur les hauteurs d'où l'on découvre cette ville étrange qui s'entête à ne pas être une Babylone, et qui ne désespère pas de devenir une Jérusalem. On posait la première pierre de la basilique que la France a fait vœu d'élever au Sacré-Cœur.

« Il nous a semblé qu'à cette occasion nous avions à écrire à nos frères les catholiques et à les entretenir de ces choses augustes. Dévorés comme ils le sont par la fièvre de leurs occupations temporelles, ils n'ont pas le loisir d'approfondir le sens des plus belles solennités de l'Église. »

L'auteur décrit ici les rites incomparables de la bénédiction de la première pierre, il établit les raisons et les opportunités du culte du Sacré-Cœur, et il ajoute :

« .... Ce n'est peut-être pas sans un dessein secret de la Providence, que la basilique du Sacré-Cœur s'élève sur cette colline de Montmartre, au milieu d'un des quartiers les plus pauvres de la grande ville. Nous sommes par là invités, une fois de plus, *à nous occuper efficacement des petits et des déshérités de ce monde. Il ne sera pas dit que l'église, construite en l'honneur de l'amour, étalera la légitime richesse de ses parvis et de son sanctuaire parmi des populations faméliques, désespérées, et que nous n'aurions pas suffisamment aimées.* IL FAUT QUE, DANS UN TRÈS VASTE PÉRIMÈTRE, IL N'Y AIT PLUS DE PAUVRES AUTOUR

DU SACRÉ-CŒUR. IL FAUT QUE TOUT CE QUARTIER RESSENTE, EN QUELQUE MANIÈRE, LE BIENFAIT DE CE RAYONNEMENT DU CHRIST. J'ai déjà parlé plusieurs fois à mes lecteurs de cette « Œuvre des familles « ouvrières » qui consiste à bâtir des maisons à l'ouvrier, des maisons où il garde toute son indépendance, toute sa fierté, toute sa vie de famille. Eh bien ! j'espère que, sur les flancs de la colline de Montmartre, les catholiques pourront bientôt construire toute une belle et vivante cité ouvrière. Autour de toutes les basiliques primitives, les chrétiens de Rome ou de l'Empire ne manquaient jamais à construire de beaux établissements de charité, qu'ils appelaient les Diaconies. Ce seront là nos Diaconies, à nous. Et il me semble déjà voir les humbles toits fumer, et les ouvriers rentrer le soir au logis et embrasser tous leurs enfants rangés en ordre.

« A Montmartre encore, nous trouvons les traces de ces guerres « plus que civiles, » dont notre pauvre pays a été si douloureusement blessé, et dont il a failli mourir. Il y a eu là du sang versé ; il y a là des haines inassouvies et je ne sais quelle horrible soif de représailles épouvantables. Jetons les yeux par avance sur cette statue du Christ qui doit couronner la façade de la basilique à venir. Regardons le Christ, et pardonnons. REGARDONS LE CHRIST *et offrons, s'il le faut, le martyre de notre vie pour la réconciliation des petits avec les grands, des faibles avec les puissants, des pauvres avec les riches. Regardons le Christ et aimons!!!* »

L'illustre paléographe avait prévu le vrai caractère de la basilique du Vœu National, la réconciliation des classes de la société.

Seul, le Cœur de Jésus peut résoudre le redoutable problème. Qu'elle se réalise donc, la prière que récitait le cardinal Guibert en posant la première pierre de la basilique : *Ut vigeat ibi fraterna dilectio!* Ce vœu avait une particulière saveur à Montmartre, sur ce sol où avaient grondé les guerres civiles, où des chrétiens avaient tué des chrétiens, où des Français avaient massacré des Français.

LA BASILIQUE

LE CHOIX DE MONTMARTRE

L'illustre cardinal Guibert, archevêque de Paris, préoccupé du choix de la place sur laquelle devait s'élever le monument du Vœu national, gravit la colline de Montmartre, accompagné de M. l'abbé Langénieux, aujourd'hui cardinal-archevêque de Reims. Arrivé sur l'emplacement occupé par la Basilique, il se sentit poussé comme par une force irrésistible, et dit à son éminent compagnon : « C'est ici que doit être le monument du Vœu, » et le choix fut irrévocablement arrêté.

Y a-t-il eu dans ce mouvement irrésistible une grâce surnaturelle? Nous ne saurions l'affirmer, encore que nous inclinions à le croire. Quoi qu'il en soit, le lieu est admirablement en harmonie avec la pensée inspirée aux initiateurs de cette œuvre nationale. La grande cité, capitale de la France, est tout entière assise au pied de la montagne, attendant la protection du Dieu des miséricordes, au Cœur sacré duquel les chrétiens de la France catholique offrent le gage de leur amour et de leur repentir, de leur adoration et de leur prière, renouvelant ainsi le pacte antique du règne de Jésus-Christ et de la gloire de notre patrie.

Quel beau panorama se déroule sous les yeux du

pèlerin qui se tourne vers Paris! Quel ensemble harmonieux de dômes majestueux, de flèches aériennes, de tours et de monuments de tous genres, s'élevant au milieu des maisons comme les arbres géants au sein d'une forêt immense! De l'Arc-de-Triomphe de l'Étoile et du Mont-Valérien jusqu'au Donjon de Vincennes, toutes les beautés de la cité regardée justement comme

La France aux pieds du Sacré-Cœur.

la capitale du monde s'étalent complaisamment sous le regard, appelant l'admiration. Toute description serait inutile : la vue suffit; c'est une vraie fête pour les yeux, un tableau inimitable, un vrai festin pour les regards qui aiment à se nourrir de spectacles sublimes.

Le Monument

Le style byzantin a été adopté.

Ce style s'imposait, soit parce que l'emplacement

n'avait pas une longueur suffisante pour les autres ordres d'architecture, soit parce que les tours et les flèches d'un monument gothique ou de la Renaissance n'auraient produit qu'un effet médiocre, vues de Paris. Le dôme byzantin, au contraire, avec sa masse majestueuse, donnera au monument du Vœu le caractère qui lui convient. On dit qu'un phare, perpétuellement allumé, sera placé dans la lanterne, proclamant à sa lumineuse manière la présence de Jésus-Christ, perpétuellement exposé, le jour et la nuit, à l'adoration des fidèles dans le Sacrement de son amour et de son Cœur. Belle et noble pensée que nous désirons voir réalisée.

Une description de la Basilique a été donnée par le R. P. Jonquet, des Oblats de Marie, chapelain de Montmartre, dans son beau livre : *Montmartre autrefois et aujourd'hui*. Nous croyons utile de la donner : elle est d'une parfaite exactitude :

« Voici la façade principale qui regarde Paris. De vastes escaliers de pierre conduisent sous le porche par trois grandes entrées à plein cintre, dont les arcs sont soutenus par des piliers entourés de petites colonnettes.

« Le porche est fait d'arcades reposant sur des colonnes; il est couvert de voûtes demi-sphériques, reposant sur des pendentifs. Nous remarquons deux porches, comme à Sainte-Sophie de Constantinople, un narthex intérieur et un narthex extérieur.

« D'une forme à la fois robuste par l'ensemble et légère par les détails, le porche est couvert d'une terrasse qui sera ornée de deux statues équestres. Au-

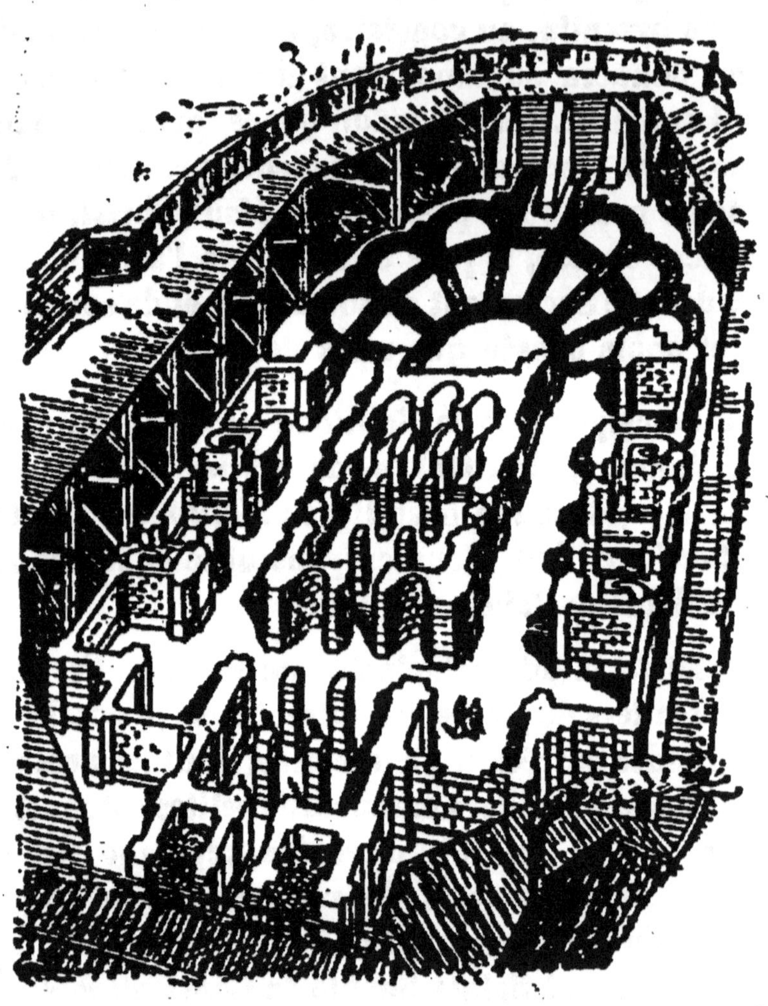

La Crypte à voi d'oiseau.

dessus trois arcatures abritent les fenêtres. Au-dessus encore, s'élève un fronton dont les lignes rampantes s'interrompent pour laisser paraître et dominer la niche où la statue du Sacré-Cœur, en marbre blanc sera placée pour animer l'ensemble. Le tout est flanqué de deux tourelles couronnées par un petit dôme.

« Sur les façades latérales, nous retrouvons une partie élevée qui répète la façade, ayant même hauteur et même largeur, décorée de formes moins riches et limitant les bras de la croix grecque, qui est l'essence du plan.

« Contre cette croix grecque est adossée l'abside, dont les éléments participent comme dimensions aux éléments de la partie carrée. Elle est intéressante, cette partie de l'édifice avec ses arcatures embrassant les fenêtres, supportées par des colonnes engagées, et aussi avec sa frise de petites arcatures très détaillées qui dans l'ensemble rappellent une bande de broderie.

« Les cinq dômes flanqués de tourelles, ce qui ne fera pas moins de dix-huit tours, s'élèveront au-dessus de l'ensemble. Les tambours des petits dômes sont octogonaux, avec des faces décorées de fenêtres et de colonnes. Le tambour du grand dôme abandonne la forme octogonale au-dessus des pendentifs, pour prendre la forme circulaire. Il se compose d'un rang d'arcatures assez trapues, et, au-dessus, d'un attique servant de base au grand dôme. Chacun de ces dômes sera terminé par une lanterne formée de colonnettes très rapprochées, supportant un petit dôme, comme on le voit constamment dans les églises de la région du Sud-Ouest.

« Le clocher ou campanile, qui par sa masse et sa forme rappelle ceux d'Angoulême et de Périgueux, est formé d'une base absolument nue, qui fait ressortir la richesse des chapelles absidales. Au-dessus de la toiture des chapelles, on remarque une série de pilastres allongés supportant des arcades. Puis viennent deux rangs de fenêtres, et, au-dessus, une frise d'arcatures ajourées couronne la partie carrée et sert de base à la partie octogonale. Celle-ci n'est représentée que par un

Echafauds et grues.

soubassement solide qui le cède de suite à la forme circulaire où s'épanouit alors le véritable couronnement du clocher. Ce couronnement se compose d'un rang d'arcatures serrées et ajourées, surmontées d'un dôme plus élégant, plus élancé que les autres, mais dans lequel on retrouve toujours le même sentiment. »

La pierre employée à la construction de la Basilique est celle de Château-Landon. Cette pierre, dure comme le granit, se polit comme le marbre et blanchit au contact de l'air.

Les Chapelles

Avant de donner la nomenclature des chapelles de la Basilique supérieure et de la crypte, nous croyons utile de citer le *Bulletin* du 3 janvier 1896, faisant connaître les travaux décoratifs exécutés dans celle de la Marine.

La chapelle de la Marine est en partie décorée : l'architecte s'est inspiré des traditions religieuses et des affections des marins, et il a su donner à leur sanctuaire spécial la couleur qui s'harmonise avec leurs goûts et leurs pensées.

Les petits arcs de la voûte ont été sculptés et ornés de coquilles de mer formant une guirlande continue. La frise qui règne des deux côtés de la chapelle, à la hauteur de la naissance de la voûte, est au contraire composée d'écussons entourés d'ornements distincts. D'un côté sont les cinq grands ports de guerre, de l'autre cinq des principaux ports de commerce. Les écussons sont séparés par des corbeaux supportant les arcs et qui sont eux-mêmes gracieusement sculptés. Saint André, patron des pêcheurs, est représenté sur l'un d'eux ; saint Elme sur l'autre. Les quatre autres corbeaux, qui sont de moindre dimension, sont à peine commencés : ils reproduiront également des types de marins.

Il est vraiment impossible de n'être pas frappé de l'heureuse inspiration et de la non moins heureuse

Piliers du pourtour de l'abside.

exécution de ce beau travail. Encore qu'il ne soit pas terminé, il est permis d'en apprécier l'ensemble et d'entrevoir ce que sera la chapelle lorsque l'autel et les autres ornements la décoreront.

Une splendide statue (*Stella Maris*) attend l'autel définitif que les marins offriront à leur Souveraine. Elle semble se balancer gracieusement sur les flots portant à son bras gauche un petit navire dans lequel se tient à genoux un ange suppliant.

D'autres chapelles ont reçu des décorations artistiques. Ainsi celle de Saint-Ignace s'est enrichie d'une statue, en marbre blanc, du Fondateur de la Compagnie de Jésus, œuvre du F. A. Besquent, de la même Société, et couronnée au Salon de 1895; celle de saint Vincent de Paul semble gardée, à l'entrée, par la remarquable statue de saint Antoine, également en marbre blanc, œuvre de M. Noël.

L'autel de saint Joseph et le monument du cardinal Guibert sont aux mains des artistes[1] d'autres projets, notamment celui du Maître-Autel, sont à l'étude.

Les pendentifs de la coupole sont ornés de quatre Anges portant les insignes de la Passion.

Quinze chapelles ornent l'église supérieure et dix-sept décorent la crypte. Commençons par ces dernières.

Dans la crypte

1° Chapelle de Sainte-Geneviève. Principaux bienfaiteurs : Les Dames de l'Œuvre de Sainte-Geneviève; la Paroisse de Notre-Dame de Lorette, à Paris; l'École de Saint-Ignace.

1. On peut en juger par la maquette, qui a été placée dans le déambulatoire.

A l'entrée de la chapelle, belle statue de sainte Geneviève, œuvre de M. Bogina. Sur le socle est gravée cette inscription :

Patrona civitatis,
Serva fidem
Firma pacem
Fuga hostem.

« Patronne de la cité, gardez-nous la foi, affermissez la paix, chassez l'ennemi. » A l'intérieur est placée, provisoirement, la Vierge-Mère, groupe en marbre devant lequel s'opéra la conversion du P. Hermann, en l'église Sainte-Valère, aujourd'hui Sainte-Clotilde.

2° **Chapelle de Saint-Denis** : Les Enfants de Marie de Rouen ; une famille de Flers ; plusieurs anonymes ; plusieurs familles de Paris ; la ville de Narbonne.

3° **Chapelle de Saint-Dominique** : Les Dominicains de Bar-le-Duc ; les Frères de Saint-Vincent de Paul ; l'Ecole Saint-Elme, à Arcachon ; les Sœurs de la Présentation, à Tours ; les Pères et le Tiers-Ordre de Saint-Dominique ; une famille de Cette et une de Paris ; Madame la vicomtesse de Baudricourt.

A remarquer un petit vitrail en mosaïque, représentant sainte Catherine de Sienne. L'Œuvre des Petits Ramoneurs a donné la colonne placée près du vitrail, qui est lui-même le don d'un anonyme.

4° **Chapelle de Saint-Jean l'Évangéliste.** En 1883, S. E. le cardinal Guibert accorda, sur les instances des RR. PP. Rédemptoristes, que le titre de Notre-Dame de Perpétuel Secours fût ajouté à celui de saint Jean. Bienfaiteurs principaux : Le comte de Sabran-Pontevès ; la Société des Artistes, dite de Saint-Jean ; les Conférences Olivaint et Laënnec ; la Congrégation des

Augustines de Saint-Yves, à Rennes; les RR. PP. Rédemptoristes et les Œuvres de Notre-Dame de Perpétuel Secours; la Paroisse de la Gare, à Paris; le Diocèse d'Aix.

5° **Chapelle de saint Benoît, saint Bernard et sainte Gertrude** : la Paroisse Sainte-Clotilde et celle de Saint-Bernard de la Chapelle, à Paris; M. le curé de Belleville; la famille Paul Féval; les Sœurs Servantes de Marie; plusieurs familles de Paris, de Beauvais et de Rennes; la famille Turquet de la Boisserie de Beauchamps; les Prêtres du Sacré-Cœur, à Bétharam.

6° **Chapelle de saint Bruno** : Les RR. PP. Chartreux; la Paroisse de Sainte-Marguerite et celle de Notre-Dame de Lorette, à Paris. Les RR. PP. Chartreux se chargent de la décoration, qui est à l'étude.

7° **Chapelle de Jésus Enseignant, de Jésus Enfant** : les Sœurs de la Charité de Nevers; le Petit Séminaire de Pamiers; les Frères des Écoles chrétiennes; les Frères de Saint-Gabriel; le Petit Séminaire de Saint-Riquier; la paroisse de Notre-Dame de Bonne-Nouvelle; Saint-Quentin; les religieuses de Saint-Maur; les Sœurs de Saint-Joseph, à Belley; les Filles de la Croix-Saint-André à La Puye.

8° **Chapelle de la Sainte-Famille**, qui est aussi celle de **Jésus Ouvrier**, en souvenir des travaux de l'Enfant-Dieu à Nazareth. Principaux bienfaiteurs : la famille Riquet de Caraman; le diocèse de Chartres; les Dames de Notre-Dame de Sion, qui ont fait placer, à l'entrée, une inscription remarquable, taillée en relief et rappelant le jubilé de la conversion de Ratisbonne, leur fondateur; les Sœurs de la Charité de Besançon; les RR. PP. Barnabites; les RR. PP. Maristes; la paroisse Saint-Ferdinand des Ternes; les Frères de la

Sainte-Famille de Belley; un cercle catholique de Tou-

Cérémonie.

lon; la paroisse Sainte-Marie, des Batignolles; la Congrégation de Pie IX; M. l'abbé de Leudeville, etc., etc.

La Congrégation de la Sainte-Famille, de Bordeaux, offre de payer le groupe, en marbre blanc, qui doit décorer la chapelle.

9° **Chapelle de Sainte-Thérèse** : la paroisse des Blancs-Manteaux ; Mlle Leroy ; la Congrégation de Dame de Saint-Erme ; les RR. PP. Carmes et leurs œuvres ; le diocèse de Châlons ; le Sou du client.

10° **Chapelle de Saint-Latuin et de Sainte-Opportune** : Mgr l'évêque et le diocèse de Séez ; les Sœurs de la Providence de Séez ; les religieuses de la Miséricorde et une maison d'Adoration, encore de Séez ; la paroisse de Monlevrier, les familles : comte et comtesse de la Bouillerie, comte et comtesse de Saint-Leu, comte et comtesse de Saint-Maurin, etc., etc.

11° **Chapelle de Sainte-Anne et de Saint-Joachim**, qui est celle des Mères chrétiennes. Les Œuvres des Mères chrétiennes ; le diocèse de Vannes ; la famille Noilly-Prat, de Marseille ; le pensionnat de Saint-Aignan, à Orléans ; plusieurs familles de Paris et de la province.

12° **Chapelle de Sainte-Marie-Madeleine, de Sainte-Marthe et de Saint-Lazare** : la ville de Marseille, la paroisse de Sainte-Madeleine, à Paris ; le diocèse de Fréjus ; le diocèse de Nice ; divers souscripteurs de Paris et de la province ; le diocèse de Troyes ; l'abbé Le Rebours ; la marquise d'Assas ; la comtesse Clary ; M. Haudry de Soucy.

13° **Chapelle de Saint-François d'Assise, de Sainte-Claire et de Sainte-Colette** ; le Tiers-Ordre de Saint-François ; une Œuvre ouvrière ; la *Croix* du Var ; la ville de Brest ; le diocèse de Poitiers ; plusieurs familles.

14° **Chapelle de Saint-Martin** : la Touraine, les

villes de Chinon, Loche et Olivet; les zouaves pontificaux, en mémoire du renouvellement de leur consécration; la Paroisse Saint-Martin, de Paris.

15° Chapelle de Saint-Rémy : le Diocèse de Reims; Notre-Dame-des-Victoires, à Paris; M. le curé de Vouziers; les villes de Saint-Malo et de Carcassonne.

16° Chapelle des Ames du Purgatoire, à trois nefs, avec trois absidioles, qui la terminent. L'illustre cardinal Guibert a choisi, *motu proprio*, cette chapelle afin d'en faire le centre des prières pour les défunts. Il a désiré y reposer après sa mort. Le caveau est préparé pour recevoir ses restes vénérés, qui sont encore dans l'église Notre-Dame.

Bienfaiteurs principaux.

Pourtour extérieur : les diocèses de Versailles, de Besançon, de Meaux et de Cambrai; le pensionnat de la Sainte-Enfance, à Versailles; les Dames du Calvaire, à Paris; les villes de Saumur et de Castres; plusieurs familles; les Conférences de Saint-Vincent de Paul, de Poitiers et du Poitou; les Fiancés; les Consécrations des enfants, les villes de Luçon et de Briançon; le *Bulletin religieux de La Rochelle;* MM. H. Rohault de Fleury, Ach. Rey, Marcotte de Sainte-Marie, Michaux, etc., la paroisse de Saint-Pierre de Chaillot, à Paris.

Hémicycles : les villes de Nancy, d'Orléans, de Nantes, de Nevers, de Saint-Claude et de Toulouse, de Briançon et de Luçon; le *Bulletin de La Rochelle*; la paroisse de Saint-Pierre de Chaillot, à Paris, etc.

A remarquer : le groupe des Enfants Nantais, saint Donatien et saint Rogatien, offert par le diocèse de Nantes; et la statue, en marbre blanc, de saint Claude, œuvre qui a été admise au Salon de 1895.

Intérieur : les veuves; le collège Stanislas; le diocèse de Châlons; les paroisses de Saint-Louis, à Versailles; la veuve d'un officier; les familles : comtesse de Montblanc, Noilly-Prat, de Marseille, comtesse de Brissac, MM. de Kermenguy, député; Bligny, notaire; de Escandon, du Mexique, Evain, Brame; abbé Petit, ancien vicaire général de Paris.

A remarquer la Croix de Jérusalem offerte par l'Œuvre des pèlerinages des RR. PP. de l'Assomption.

17° Chapelle de Saint-Pierre, chef-d'œuvre d'harmonie et admirable inspiration de l'architecte. En montant l'un des escaliers, on trouve la statue de saint Pierre, imitation de celle de Rome; à l'autel est le beau et précieux *Ciborium*, offert par S. S. Léon XIII, à l'occasion de son jubilé sacerdotal. Il avait été donné au Saint-Père par deux grands artistes de Lyon, MM. Charles Lemeire, architecte, et Armand Caillat. L'immortel Pontife en a fait hommage au Sacré-Cœur.

Principaux bienfaiteurs : la paroisse de Saint-Pierre, à Lyon; le collège de la Malgrange, à Nancy; les familles : duchesse de Clermont, baron et baronne de Gargan, Hamon, de Chaulne, comtesse O. Gorman, de Beaumont; le collège de Sainte-Croix, au Mans; la paroisse de Saint-Eugène, à Paris; la bonne Lorraine, etc., etc.

A remarquer encore, à l'entrée de cette chapelle, dans la nef latérale, la statue de saint Hubert, œuvre et don de Mme la duchesse d'Uzès, destinée à orner un autel du même nom.

Dans l'église supérieure

Avant d'entrer dans la basilique proprement dite, arrêtons-nous au porche, dont les principaux bienfaiteurs sont la ville de Lyon et la paroisse du Petit-Montrouge, à Paris. Un vaste escalier monumental doit, plus tard, y amener les fidèles. C'est le diocèse de Metz qui se trouve le premier en entrant : on lui doit le bénitier de droite. Le bénitier de gauche est dû au diocèse de Grenoble, les autres bénitiers de gauche sont dûs aux diocèses de Langres et de Saint-Dié. Les piliers ont été offerts par la famille de La Villegontier, les Dames du Sacré-Cœur, le *Pèlerin*, journal des RR. PP. de l'Assomption, le collège Stanislas et les collèges des RR. PP. Jésuites.

1° Chapelle de Saint-Michel ou de l'Armée : Mme la maréchale Pélissier, duchesse de Malakoff; le Cercle catholique de Cherbourg; la paroisse de Saint-Roch, à Paris; les familles de Clermont-Tonnerre, de Mallevaud, Chevreul et plusieurs autres; Mme la générale Vougé de Chanteclaire; Mme Oyagne Amérique.

2° Chapelle de Saint-Louis ou de la Justice : la Ville de Rennes, par M. de Cognac; le diocèse de Mende; les familles Musnier de Pleigne, Louis Prat-Noilly, de Glos, René Tulaine, de Gontaut, de Goncourt, Villard, etc.; la paroisse de Vincennes; l'hospice de Saint-Louis, à Caen; le Ressort de Dijon; la paroisse de Saint-Louis-en-l'Ile; un grand nombre de membres du barreau; la famille de Bonneval.

Vue générale du monument terminé, prise de l'Est.

Vue du Nord.

3° Chapelle de l'Industrie et du Commerce (dans la tribune de droite) : différents industriels de Lyon, Marseille, Tourcoing, Roubaix, etc.; les souscripteurs du Sou du client; les familles Herzog, Dognin, Waré, Baillecourt, Railfert, Noilly-Prat, Gollin, Potrey, Richefeu. Le diocèse de Grenoble a donné la partie du bénitier qui est au-dessous.

4° Chapelle de la Bienheureuse Marguerite-Marie : le diocèse de Rouen; l'Archiconfrérie de la Garde d'Honneur, la paroisse de Saint-François de Sales, à Paris; les Sourds-Muets; les Associés de l'Apostolat de la prière; les Dames de la Doctrine chrétienne, à Nancy; la paroisse Ste-Marguerite, à Paris; les familles Noilly-Prat, Oppenheim, comtesse d'Imécourt, de Muges, Poiret, Munuel, Eugène de Margerie, marquise de Trévise, Brun-Faulquier, Henrut de Goutel.

A remarquer la statue du Sacré-Cœur, don de Mme la maréchale de Mac-Mahon. Elle était primitivement placée dans la chapelle provisoire et devant elle bien des prières au Sacré-Cœur et bien des adorations ont été accomplies. Les fidèles continuent de prier devant cette divine image.

5° Chapelle de Saint-Benoît-Joseph Labre : Les écrivains catholiques; Mgr l'évêque d'Aire et son diocèse; les paroisses de Saint-Florent et de Saint-Hilaire; la Congrégation de Notre-Dame de la Providence; la famille Noilly-Prat; plusieurs groupes de souscripteurs sous les noms : Colonne des Malades, Petits sacrifices, Anonyme de Montpellier; Madame la marquise de Champagné; le Tiers-Ordre des Sœurs de Saint-François; les familles Marchain, Launay, etc.

Dans cette chapelle sera placé, prochainement, le monument de Louis Veuillot : haut-relief de 1 mètre 80 de hauteur, sur une largeur de 1 mètre 85. Le buste du grand écrivain défenseur de l'Eglise, sera posé sur une colonne au fronton de laquelle on lira ces mots : « J'ai cru, je vois ! »

« Des deux côtés du buste, dit M. François Veuillot, dans un article remarquable, on aperçoit deux figures allégoriques... A droite est debout, prête au combat, la Vaillance chrétienne... L'autre figure allégorique est la Foi. Par une bien touchante et délicate pensée, l'artiste en composant ses traits, s'est inspiré des traits d'une fille de Louis Veuillot, qui mourut saintement, naguère, au couvent de la Visitation... » Au-dessus de ces deux figures, une double vision : Notre-Dame de Paris, où le héros lutta et Saint-Pierre de Rome qui porte sa croix dans les airs : « de Rome où Louis Veuillot crut et dont il écouta toujours la voix souveraine. Une guirlande fleurie s'échappe d'une balustrade simulée à la hauteur du buste, au-dessus de laquelle on aperçoit Saint-Pierre, et symbolise *Les Parfums de Rome.* »

L'œuvre, confiée à M. Fagel, est en voie d'exécution. On aimera contempler l'athlète chrétien, qui semblait oublier sa plume taillée en épée pour écrire les pages les plus suaves sur le Pauvre glorifié, reposer en quelque sorte près de celui qu'il a tant admiré.

6° Chapelle de Saint-Jean-Baptiste : le Canada, appelé la nouvelle France, qui a voulu unir dans la basilique du Vœu national son nom à celui de son glorieux patron ; la paroisse Saint-Ambroise ; les paroisses Saint-Jean-Baptiste de Belleville et de Caen ; la paroisse Saint-Pol-de-Léon ; les familles John Thomas Batt, Crouet Jean-Baptiste, Noilly-Prat et particulièrement M. Jean Prat, Lemoine de Philadelphie, etc. ;

la ville de Saumur ; quelques souscripteurs, sous la devise : *Agnus Dei.*

7° **Chapelle de Saint-Joseph** : les Sœurs de Saint-Joseph de Belley et leurs pensionnats de Paris ; les Sœurs Servantes de Jésus ; les religieuses de Sainte-Marie, à la rue Bara ; le collège de Saint-Joseph, à Reims ; les familles Rolland-Gosselin, Noilly-Prat, Colette Grammont, Romazotti, J. de Carayon-Latour, Montmorency-Luxembourg, d'Hunolstein, Angelo y Garcia (famille américaine), Agathe Lemoine, de Philadelphie, Hirch, Casali Brochier ; les SS. de Saint-Joseph de Lyon, les SS. de Saint-Joseph du Puy, le Patronage de la Sainte-Enfance d'Argenteuil, les familles de Rochambeau, de Beauchamp, Montmorency, Luxembourg, Durfort de Sarret, de Layre.

L'autel est en voie d'exécution.

8° **Chapelle de la Très Sainte Vierge**, où le Très Saint Sacrement est conservé, exposé à l'adoration des fidèles, jour et nuit, lorsque les offices solennels et les grandes affluences n'exigent pas qu'il soit au Maître-Autel.

Principaux bienfaiteurs : Les RR. PP. Eudistes, les RR. PP. des SS. Cœurs, dits de Picpus ; les RR. PP. Oblats de Marie Immaculée ; les RR. PP. Barnabites ; les RR. PP. et les FF. Maristes ; les Religieuses de Notre-Dame, du bienheureux Fourier ; les Religieuses du S. Cœur de Marie, à Béziers ; les Dames du Cénacle ; les paroisses de Notre-Dame de Clignancourt, de Notre-Dame des Victoires, de Sainte-Marie des Batignolles, de Gentilly, de Notre-Dame d'Auteuil, de Notre-Dame de Boulogne-sur-Seine, du diocèse du Puy ; la Ville d'Orange, la Petite Œuvre de Saint-Sulpice, un Institut normal catholique, les familles Blach, Martinière, John Thomas Batt, Durand-Smith de New-York, Poussielgue-

Rusand, Noilly-Prat, Bayard, madame de Mac-Mahon, Deligny-Compoint, deux frères d'une ville du Nord, les souscripteurs du « Sou du client, » du Pilier de la Vigne et ceux de la Poésie et de la Musique, lesquels sont dûs au zèle de Mlle Boulet, une Jeune Fille partant pour le Couvent, un Industriel; les familles : de France, de Jeesdin, de La Tour-Maubourg, Neyrand de Saint-Chamond, d'Hunolstein, de Gontaut, de Semallé, de Nanteuil, de Montreuil, Blach, Marchain, Danton, Target, Haret-Guillou, Descamps, Crespel, Soucaille, comte de Maistre; l'Institution Notre-Dame, à Saintes, Notre-Dame de Charité d'Evron, le Pensionnat de l'Immaculée-Conception, à Lisieux, les Filles du Saint-Esprit, la paroisse de Larajasse (Rhône), beaucoup d'autres communautés, familles et associations.

Dans les arcatures de l'abside, on peut voir un *specimen* des sculptures qui orneront les colonnes et chapiteaux.

9° **Chapelle de Saint-Luc et des saints Côme et Damien,** dite **chapelle des Médecins** : la Mission polonaise, la paroisse de Vitry-le-François, la Conférence de saint Vincent de Paul, du Mans, par M. le docteur Lebel; le diocèse de Châlons, les familles Léon Cauchy, Lebel, Greslon, Tulasne, etc., etc.

10° **Chapelle de Saint-Ignace** : les RR. PP. Jésuites et leurs collèges de France et de l'étranger, notamment ceux de Paris, de Vannes et de Boulogne-sur-Mer, le Noviciat français des mêmes RR. PP., à Victoria, en Espagne, etc.; les Dames de Saint-Ignace; la Congrégation des Religieuses du Saint-Esprit; les familles de Mme la comtesse de Bouillé, Mme la baronne de Bully; M. Jean C.-Florian Gennevoise, L'Huillier, etc., etc.

La statue de saint Ignace occupe sa place. Celle de

saint François-Xavier, œuvre du même artiste religieux, est attendue prochainement.

11° Chapelle de Sainte-Ursule et de Sainte-Angèle : les Ursulines et leurs Pensionnats, notamment de Chavaignes, Blois, Troyes, Quintin ; Mgr l'évêque d'Aire et son diocèse ; M. le curé d'Yvry ; les Enfants de Marie de Louvencourt, à Amiens ; les familles marquis de Marsac, comtesse de la Tour du Pin, de Vouzy, etc. ; les souscripteurs du Pilier du Fuseau.

12° Chapelle de Saint-Vincent de Paul : Mgr l'évêque d'Aire et son diocèse ; les conférences de saint Vincent de Paul, spécialement celles de Bourges, de Notre-Dame des Écoles, etc. ; la Ville de Delle, l'éducation chrétienne d'Argentan ; les paroisses de Saint-Vincent de Paul et de Clichy, à Paris ; les familles : de Brissac, de la Morandière, etc., etc.

13° Chapelle, dite de l'Agriculture, placée dans la tribune de gauche : la paroisse de Notre-Dame-des-Champs, à Paris ; l'agriculture, un anonyme, en réparation du travail du dimanche ; les familles baron et baronne d'Hursalstein, Mathieu, Calla, Mallevaud, Champy, Vallerand, Haretes, Lavaux, etc. Au-dessous, bénitier et piliers : le diocèse de Langres et celui de Saint-Dié.

14° Chapelle des Saintes Reines de France, en face de la chapelle de Saint-Louis ; le Diocèse et les Œuvres de Poitiers, notamment les Mères chrétiennes ; les vierges de Grenoble, la Providence de Sens, les paroisses de Sainte-Clotilde, à Paris, de Bresle, de Charlieu, de St-Cloud ; le petit et le grand séminaire de Blois ; le séminaire français, à Rome ; M. le marquis Vaudremey. M. l'abbé Armand. Mme la comtesse de Kersaint, etc., etc.

15° Chapelle dite de la Marine : le Comité de la Marine, les amiraux Courbet, Fourichon, etc., etc. ;

les familles baron de Mackau, abbé Seret, vicomte de Lorgerie, les familles de Fontavice, comtesse de Monts, comte Arthur de Torey, Mme l'amirale Lafont, etc. L'Œuvre de Notre-Dame de Bon-Secours, à Jersey, a donné l'un des piliers.

A remarquer la statue *Stella maris* et les décorations sculpturales, dont il a été déjà parlé.

Nous arrivons sous la coupole, dont le ciel est fermé aux regards impatients des pèlerins. Les quatre gros piliers qui supportent le Dôme ont été offerts par les Enfants de Marie de France, les Pères de l'Assomption, le Collège Stanislas et les Collèges des RR. PP. Jésuites.

Les principaux piliers du pourtour ont été offerts par les paroisses Saint-Roch, Saint-Louis d'Antin, Saint-Ferdinand des Ternes, Notre-Dame de Lorette, à Paris; la ville de Chinon, *La Semaine religieuse de Troyes*, M. Crouet, ancien magistrat à Grasse, M. Hennet de Gontel, la famille de Clock, de Coulaine, le Tiers-Ordre des Sœurs de Saint-François.

Le chœur et son pourtour

La sévérité du chœur s'allie à une élégance harmonieuse. La voûte, d'une régularité et d'une hardiesse admirable, sera plus tard couverte de mosaïques; la corniche portant l'inscription qui rappelle le Vœu national et dit la patriotique raison d'être du monument, sera aussi enrichie de la même manière: *Sacratissimo cordi Jésu Christi Gallia pœnitens et devota.* Telle est bien la consécration nécessaire; et l'expression en brillera d'un éclat à la fois vif et religieux. Les chapiteaux seront riches de sculptures; les baies sont déjà ornées de lampes artistiques et seront relevées par des mosaïques, dont on peut admirer un specimen dans l'une d'elles.

Les principaux souscripteurs du pourtour sont : M. La Caille, aujourd'hui membre du Comité; M. le Curé de Chambly; les Pèlerins-Zélateurs; M. Vander Huelghen, au nom de la Belgique; les familles Dognin et de la Bouillerie, les villes de Morlaix et de Quimperlé; M. le Curé de Palaiseau; les familles comte de la Roche-Brochard, de la Motte-Rouge, de Mampon, de Saint-Marsault, d'Aubigny, Roque (Haï Phong, du Tonkin), de Beaumont, de Belleval, de Penausier; les Pèlerinages de Saint-Aignan de Chartres et de Saint-Brieuc; les Paroisses de Jussy (Cher), de Saint-Martin d'Amiens; le Cercle de Sainte-Geneviève et celui de Sainte-Agathe de Besançon; les familles de Montgumont, de Escandon (Mexique), de Lusarraga (Mexique); la Colonie espagnole et américaine; MM. Denien du Pin, de Carayon-Latour, M. le curé d'Ivry, Canevero, Bechayhel; Le Carmel d'Avranche; marquis et marquise de Chambraye. De Villers, de Strasbourg, Dolores Barron, Petro de Rinéo, Gallardo; les SS. de Saint-André de La Puye; la paroisse Notre-Dame de la Gare, de Paris; comte et comtesse Arthur de Bréda, comte et comtesse Aymer de La Chevalerie.

Le Maître-Autel est à l'étude. Son Em. Mgr le cardinal Richard a bien voulu lui consacrer les offrandes qu'Elle a reçues à l'occasion de son jubilé sacerdotal. Une partie de ces dons a été distribuée aux pauvres pendant l'hiver de 1894-1895. Se souvenant de saint Augustin qui vendit les chandeliers et vases précieux de son église pour secourir ses diocésains affamés et, animé par la même charité, le vénéré Pontife n'a pas hésité à distraire de leur destination primitive une portion notable des offrandes. Mais leur richesse permettait ce miséricordieux emploi et il en reste suffisamment pour que l'œuvre du Vœu national ne soit pas retardée.

M. Abadie, le grand architecte qui a conçu le plan

Déambulatoire.

de la Basilique et en a dirigé les premiers travaux, disait : « On ne pourra bien juger mon œuvre que lorsque la coupole sera terminée. » Nous croyons que ce mot est surtout vrai pour l'appréciation du chœur. Lorsque la lumière, descendant de la coupole à ciel ouvert et du *triforium* ajouré, inondera le sanctuaire et fera resplendir les mosaïques et l'autel, l'effet devra être saisissant.

Les bienfaiteurs : les diocèses de Bayeux, de Pamiers, d'Ajaccio, de Belley, d'Albi, de Versailles. de Grenoble, de Saint-Flour, de Cambrai, de Valence, de Dijon, d'Amiens, d'Évreux, de Montpellier, de Blois, de Limoges, de Saint-Brieuc et d'Aire. Mgr l'évêque d'Aire témoigne d'un zèle jaloux pour tout ce qui tient au monument du Vœu national ; S. G. donne les colonnes de marbre, après avoir présidé à leur choix en artiste. et se rend compte chaque année des progrès accomplis. Les églises d'Orient : les paroisses de Saint-Sulpice, Notre-Dame des Champs, Saint-Augustin, Notre-Dame, Saint-François-Xavier, Saint-Gervais, Saint-Germain des Prés, Passy, à Paris ; les villes de Montdidier et de Chinon ; l'Institution Sainte-Croix de Neuilly ; le petit séminaire de Saint-Pé, la colonie des Alsaciens-Lorrains ; la *Semaine religieuse* de Troyes ; les familles J.-B. Crouet de Grâces, Hennet de Genselle, de Cloch et de Coulaine: G. S. F. Xavier de Vannes, Noilly-Prat, Roque, Rolland Gosselin, etc., etc. D'autres souscripteurs importants mériteraient d'être signalés. Ceux qui ont voulu contribuer à la voûte du Chœur, qui sert de dais artistique au Sacré-Cœur, sont nombreux, comme ceux qui veulent avoir leur part d'honneur dans l'ornementation. Il nous est impossible de ne pas citer pour les Passages et le Chœur : les Paroisses de Saint-Lambert de Vaugirard, de Colombes, avec ses annexes, de Saint-Christophe de la Villette, de Notre-Dame de Plaisance, de Saint-Nicolas des Champs, de Saint-Laurent, de Saint-Paul-Saint-Louis et de Saint-Merry, de Paris ; de Courbevoie et de Saint-

Mandé; la Congrégation du B. Sauveur, à Caen, et les Dames du Sacré-Cœur, à Montmartre; les familles Marcotte de Ricorville, Durouchoux, Hennet de Gontet, Lansquet, comtesse de Buat, Marie Brizard, de Zuglen de Haou, marquis de Livron, de Maondréville, Pividal, Charpentier, comte Pozzo de Borgo, de Garigan. Continuer l'énumération nous serait facile, mais ennuyeux au lecteur : on comprend par là que c'est bien le Temple du Vœu, l'Œuvre nationale par excellence.

La coupole n'étant pas encore ouverte, nous n'avons pas à en parler. On en jugera en faisant une excursion sur les travaux. Du reste, une partie sera découverte prochainement : ce qui permettra de l'admirer.

LA SAVOYARDE

La Savoie a voulu montrer combien elle est attachée à la patrie française, et elle a choisi son offrande pour l'œuvre nationale parmi celles qui parlent le plus au cœur.

Quand notre bourdon chantera [1], il dira à tous les fidèles : Pensez que Dieu est bon et tournez-vous vers lui, mais ne bravez pas sa redoutable majesté... implorez-le et faites pénitence... il vous écoutera. En même temps notre *Savoyarde* répétera : France, ta petite sœur la Savoie prie de tout son cœur avec toi et pour toi. *Sursum corda!*

La *Savoyarde* est arrivée à Paris par la gare de la Chapelle, le 15 octobre 1895 : des délégués du Comité et des chapelains ont procédé à sa réception et ont

1. Un nouveau mécanisme a été placé et le bourdon sonne au grand contentement du peuple.

reconnu qu'elle pèse 18.835 kil., le battant 900 kil., sa hune et ses armature 6.530 kil.

Le lendemain matin, à trois heures et demie les mêmes délégués ont assisté au transport de la cloche à travers la ville.

Cette course nocturne s'est faite au milieu d'une foule considérable à la lueur des torches, au grand pas de 28 chevaux vigoureux ! A la montée même on a dû enlever les chevaux au grand trot.

La foule enthousiaste, malgré l'heure extra-matinale et la rapidité de cette course, a suivi le camion pendant deux heures et demie. La police avait réglé l'itinéraire et en a surveillé l'exécution; à dix heures du matin notre cloche avait franchi la barrière qui sépare la rue Lamarck de notre chantier, et le soir elle était sous la charpente qui doit lui servir de beffroi provisoire.

Nous avons fait à notre bourdon une charpente très solide placée de côté à l'entrée de la basilique, contre l'escalier principal qui descend à la crypte, du côté épitre; c'est là qu'elle attendra le jour où l'on pourra la hisser dans le clocher du monument.

Françoise-Marguerite du Sacré-Cœur a été bénite par Son Éminence le cardinal Richard, le mercredi 20 novembre; son parrain est Sa Grandeur Monseigneur Hautin, archevêque de Chambéry, et sa marraine Mme la comtesse de Boigne.

Une foule immense se pressait aux abords de la Basilique dès le matin; à deux heures l'église était comble et le R. P. Monsabré est monté en chaire, où il a prononcé l'un de ses plus beaux discours : puis Son Éminence s'est rendue processionnellement au beffroi et a procédé à la bénédiction liturgique de la cloche. Le parrain et la marraine l'ont ensuite fait tinter, aux applaudissements d'une foule que la police a estimée dépasser cent mille personnes.

Un échafaud, qui a servi autrefois à ranger les pierres arrivant au chantier, avait été disposé de façon à permettre de s'en servir comme d'une chaire à prêcher, un peu élevée. M. le chanoine Brettes y est monté, et, de sa belle voix retentissante il a prononcé une émouvante allocution, fréquemment applaudie. A quatre heures et demie les estrades qui avaient servi à la cérémonie étaient enlevées, et 28 hommes lançaient le bourdon à toute volée aux cris d'enthousiasme de la foule... la nuit était venue, la cloche vibrait encore.

On l'a dit avec raison : la *Savoyarde* est un immense bijou, enrichi de dentelles. Vue de loin, on ne sait ce que l'on doit admirer davantage de la grandeur de ses proportions, de la correction de ses lignes, de la pureté de sa forme, de la grâce de ses contours.

Mais quand, de l'ensemble, on passe aux détails, on est ébloui en présence de tant de dessins, de rinceaux, d'arabesques si savamment distribués et si finement rendus.

Nous ne demanderions pas mieux que de donner une idée aussi complète que possible de la royale parure de cette cloche ; mais nous sommes obligés d'avouer que cette tâche, qui irait si bien à un dessinateur de marque, est au-dessus de nos forces. Qu'il nous suffise donc de présenter au lecteur une esquisse rapide ou plutôt une simple nomenclature des ornements qui la décorent.

1° Au point coudé des anses ou colombettes qui forment comme le diadème de la *Savoyarde*, apparaît l'image du Sacré-Cœur, environné d'épines. Ce premier dessin n'est pas autre que le blason même dont parlait saint François de Sales, quand, en 1611, écrivant à sainte Jeanne de Chantal, il lui disait : « Dieu m'a fait connaître que notre Maison de la Visitation est, par sa grâce, assez noble et assez considérable pour avoir droit à ses armes, son blason, sa devise et son cri d'armes. J'ai donc pensé qu'il nous faut prendre pour armes un unique cœur percé de deux flèches, enfermé dans une couronne d'épines. Ce cœur aura une croix placée dans l'enclavure et le surmontera... » On ne pouvait choisir meilleur sujet pour orner le front des colombettes;

2° Sur la plate-forme de la cloche, les artistes ont disposé une frise dans le plus pur style du douzième siècle. Ce dessin, si beau et si bien réussi, ne sera aperçu qu'autant que le visiteur se placera au-dessus de la pièce;

3° Autour du cerveau ou partie arrondie de la cloche apparaît une couronne composée de palmes imitées des palmes grecques qui enlacent des cœurs, alternant avec elles. Nous laissons le public juge de l'effet produit;

4° Plus bas, comme pour faire appui à la couronne supérieure, court un léger bandeau formé de petites roses juxtaposées. C'est délicat comme un bijou;

5° C'est de ce point que partent les cordons encadrant l'inscription traduisant le motif de l'*ex-voto* de la Savoie au Sacré-Cœur.

« L'an 1888, au cours des solennités du jubilé sacerdotal du Souverain Pontife Léon XIII, moi, Françoise-Marguerite du Sacré-Cœur de Jésus, sur l'initiative de François-Albert Leuillieux, archevêque de Chambéry, avec le concours des évêques de la province, aux frais communs du clergé, des grands et du peuple de la Savoie, j'ai été offerte en don comme témoignage de piété envers le divin Cœur, pour redire à travers les siècles, de la sainte colline, à la ville, à la nation, au monde entier : Vive Jésus !... »

Cette inscription, très bien réussie, touche à une nouvelle frise que nous n'essayons pas de décrire, mais qu'il faudra voir sur place et de près pour se faire une idée du travail de la gravure.

6° Nous arrivons à la partie lisse qui laisse voir : 1° la croix accostée à droite des armes de Sa Sainteté Léon XIII et, à gauche, de celles de Mgr Leuillieux; 2° Notre-Dame de Myons, rayonnant entre les armes du cardinal Guibert à droite et celles du cardinal Richard à gauche ; 3° les armes de Paris, flanquées de l'image de saint Denys à droite et de sainte Geneviève à gauche ; 4° les armes de Chambéry avec saint François de Sales à droite et sainte Jeanne de Chantal à gauche. Entre saint François de Sales et les armes du cardinal Richard, on voit saint Anselme, docteur. Entre les armes du cardinal Guibert et sainte Geneviève, on distingue saint Bernard de Menthon, avec son costume de l'époque. Entre saint Denys et les armes de Mgr Leuillieux, on aperçoit saint Anthelme de Chignin. Enfin, entre les armes de Sa Sainteté Léon XIII et sainte Jeanne de Chantal, on remarque saint Pierre de Tarentaise. Cette partie de la cloche offre un coup d'œil ravissant.

7° La partie lisse ou *panse* de la cloche est fermée au bas par la galerie des blasons. C'est, sans contredit, l'ornement le plus compliqué et, par le fait, le plus riche de la *Savoyarde*. Le dessin tout entier mesure en hauteur 0 mètre 50. Il se compose d'arcades dont les retombées reposent sur trois colonnes groupées. Chaque arcade encadre un des 36 blasons redisant, en leur langage héraldique, toute l'histoire de la noble Savoie venue librement à la France et lui gardant sa fidélité.

Enfin, pour achever cette simple énumération, nous

ferons remarquer qu'entre la *battérie* et la *pince* court une frise de 0 mètre 15 de haut, composée de feuillages, contenant de distance en distance une croix rayonnante et nimbée.

Ne pouvant décrire un à un tous ces écus, nous nous contenterons d'en donner les noms. Ce sont ceux de Savoie, d'Aix-les-Bains, du marquis d'Oncieu de la Batie, de la métropole de Chambéry, de la famille de Boigne, du Sacré-Cœur de Chambéry, de Prat-Noilly, des RR. PP. Chartreux, de Cluses, du Faucigny, de la Fléchère, de Grésy-sur-Aixe, de Mgr Bouvier, de Moutiers, de Mgr Turinaz, de la Visitation de Rumilly, avec son cri de guerre : *E. capoué*, du Genevois, d'Annecy, de Mgr Isoard, des missionnaires de saint François de Sales, du comte de Menthon, de Saint-Julien, du Chablais, des RR. PP. Oblats de Marie, avec la devise que leur donna leur noble fondateur, Mgr de Mazenod : « Allez évangéliser les pauvres ! » de la comtesse Vial de Conflans, de Mgr Rosset, de Saint-Jean de Maurienne, de Notre-Dame de Chambéry, de Mgr Ricard, d'Albertville, des sœurs de Saint-Joseph de Chambéry, de l'abbé Naville et du comte Henri de Montbron de Coussac-Bonneval, qui a donné le chêne superbe avec lequel on a fait la hune qui porte fièrement la *Savoyarde* et la couronne aujourd'hui sur le sommet de la colline.

Cette guirlande se complète à sa base par deux détails qui ne devaient pas être omis : 1° les 15 dizaines du T. S. Rosaire distribuées en festons tout le long du dessin ; 2° les noms des membres du comité du Vœu national vivant à la date de 1890, époque de la composition de la fausse cloche.

Voici les noms : M. l'abbé Pelgé ; R. P. Voirin O. M. I. ;

MM. Th. Dauchez; Legentil; H. Rohault de Fleury; Catillon; baron Camille de Baulny; général baron de Charette; Chesnelong, sénateur; Michel Cornudet; Descotes; vice-amiral marquis Gicquel des Touches; Hémar; Keller; comte de Lambel; E. de Margerie; Merveilleux du Vignaux; de Mont de Benque; Musnier de Pleignes; Pagès; Ferdinand Riant; vice-amiral Ribourt; marquis de Ségur; Beluze; Baudon.

Toutes les provinces qui composent l'ancien duché de Savoie sont représentées sur la *Savoyarde*, qui est avant tout l'œuvre, nous disons mieux, l'*hommage*, non de quelques privilégiés de la fortune, mais d'un peuple entier.

Cet aperçu, si incomplet qu'il soit, suffira à donner une idée de l'heureuse disposition des motifs d'ornementation qui font de la *Savoyarde* la plus belle cloche du monde *au point de vue décoratif*. Pour s'en convaincre, il n'y a qu'à voir la gravure qui la représente debout après son *levage*.

Nous avons dit plus haut le poids de la *Savoyarde*. Elle mesure exactement : hauteur 3 mètres 6, diamètre 3 mètres 4, circonférence 9 mètres 60. Elle donne d'une belle voix bien pure l'*ut* grave.

C'est une des plus harmonieuses et des plus puissantes cloches d'Europe. Honneur à la Savoie!

EXCURSION AU GRAND DOME

Nous engageons vivement tous les pèlerins, après avoir visité la crypte et l'église supérieure, à voir aussi les dômes où travaillent maintenant nos ouvriers.

On prend les billets au bureau qui distribue les

cartes pour la crypte, puis on monte l'escalier jeté à travers le saut de loup et, arrivé dans le vestibule latéral de l'église, on tourne à gauche et on trouve un employé qui vous ouvre la porte qui donne accès à l'escalier des dômes.

On monte 97 marches par un escalier très doux et très clair; on débouche sur le chéneau de la chapelle de Saint-Vincent de Paul, on monte sur un escalier de bois jusqu'au haut de la toiture de cette chapelle et on tourne à gauche pour suivre les dallages qui forment la toiture du déambulatoire; au-dessous, on voit les toits des chapelles circulaires et le toit provisoire du clocher.

On fait ainsi, à l'aise, sur ces admirables dalles (dont la pente à peine sensible est terminée, en bas, par un vaste chéneau et une balustrade en pierre d'un mètre de hauteur) le tour de l'abside du monument.

On voit de là tout le nord de Paris et de la banlieue: Clichy, Saint-Ouen, Saint-Denis, Noisy-le-Sec, Belleville, Ménilmontant, le cimetière du Père-Lachaise et Bercy au premier plan; puis les coteaux de Saint-Germain, de Poissy, de Montmorency, de Sannois, d'Argenteuil, de Rosny, du Raincy, au second plan, s'étendent à perte de vue.

Après avoir fait le tour du chevet, on arrive ainsi à l'est, au pied d'un escalier tournant plus petit que le précédent, mais tout aussi doux et aussi clair; après avoir monté 37 marches, on débouche sur le chéneau de la façade nord-est de la chapelle de la bienheureuse Marguerite-Marie, au pied d'un petit dôme, et l'on monte jusqu'au triforium du grand dôme, partie sur le toit, par un escalier de 10 marches en plein air, partie sur l'échafaud par un chemin très aisé, bordé de barrières très rassurantes, où rien ne saurait embarrasser

Vue du grand dôme à travers une des portes.

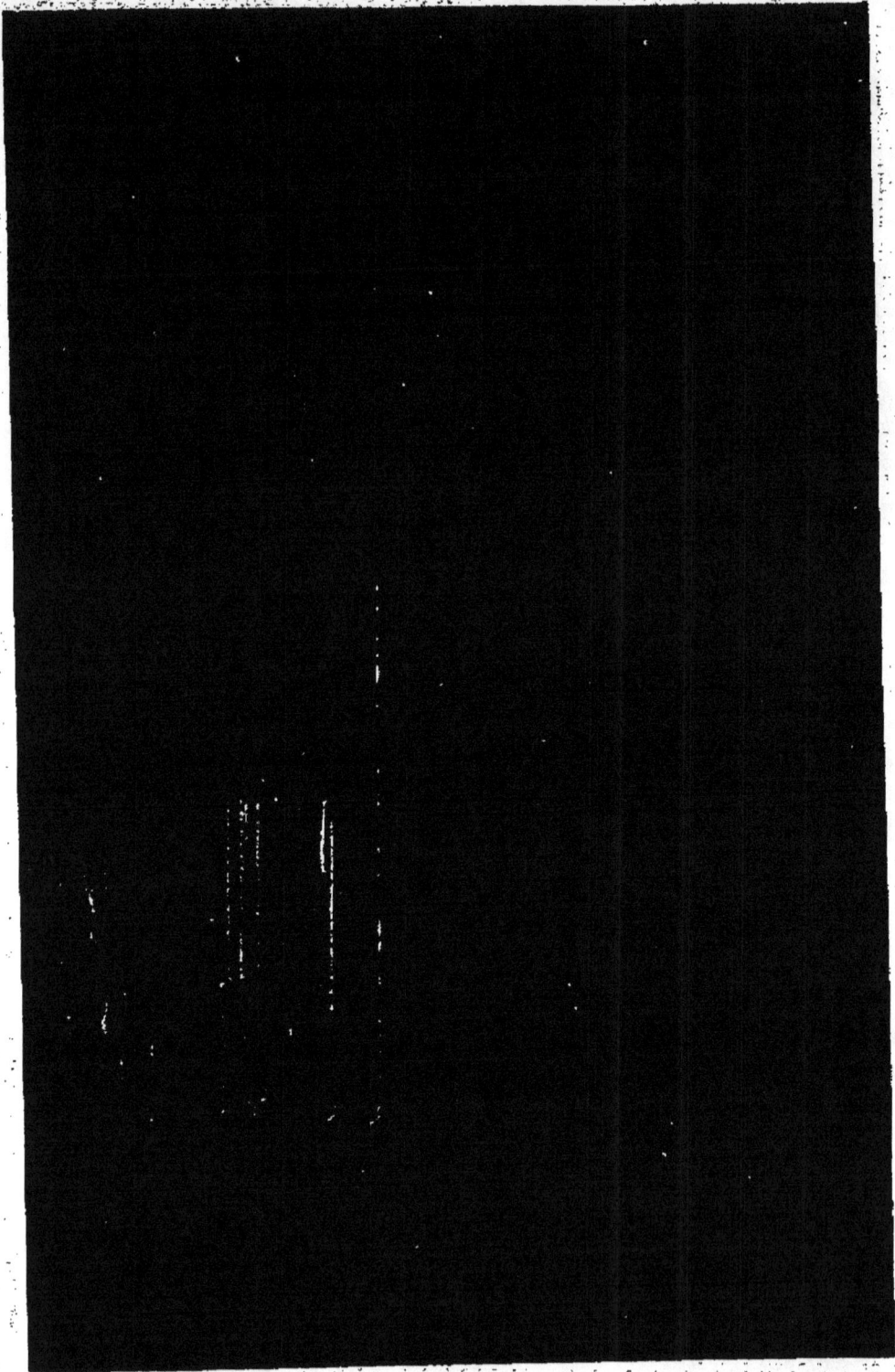

Déambulatoire épitre.

la marche et où il n'est pas possible aux plus sensibles d'avoir un sentiment de vertige quelconque.

On suit alors le joli triforium[1] du grand dôme, où quelques aperçus de la Basilique, à vos pieds, sont très remarquables.

On s'engage ensuite dans un escalier et un passage provisoires, en bois, qui vous permettent de contempler la seconde galerie[2] du grand dôme et ses fenêtres[3].

Vous sortez alors de l'intérieur du grand dôme, et vous arrivez sur le devant dans une grande loggia disposée pour recevoir une quarantaine de personnes qui peuvent y contempler à l'aise la vue de l'immense cité qui s'étend à leurs pieds.

Voici d'abord à gauche Vincennes, la montagne Sainte-Geneviève, le Panthéon, le Val-de-Grâce, Notre-Dame, Saint-Sulpice, Saint-Eustache, le Louvre, l'Opéra, la Tour Eiffel, les Invalides et le Trocadéro ; au second plan, Bicêtre, Sceaux, Arcueil, Bagneux, Châtillon, puis Clamart, Meudon, Bellevue et Versailles.

Tout autour, au-dessus des endroits que nous venons de citer, une ligne bleu foncé forme l'horizon les jours de beau temps.

A droite, on voit le réservoir des eaux de la ville et le chevet de l'église paroissiale de Montmartre, Saint-Pierre. Cette église, extrêmement ancienne, où saint Bernard et le pape Eugène III ont dit la messe, jadis, tombe en ruines, et n'est malheureusement guère

1. Ce triforium a 6 mètres 50 sous clef et 1 mètre 05 de largeur. Il est supporté par 20 piliers, et le sol en est à 24 mètres 80 au-dessus de celui de l'église haute.

2. Les sculpteurs travaillent activement à cette partie de la construction.

3. Le sol de cette galerie est à 6 mètres 80 au-dessus de celui du triforium, elle a 7 mètres 50 sous voûte, le gros œuvre en est achevé.

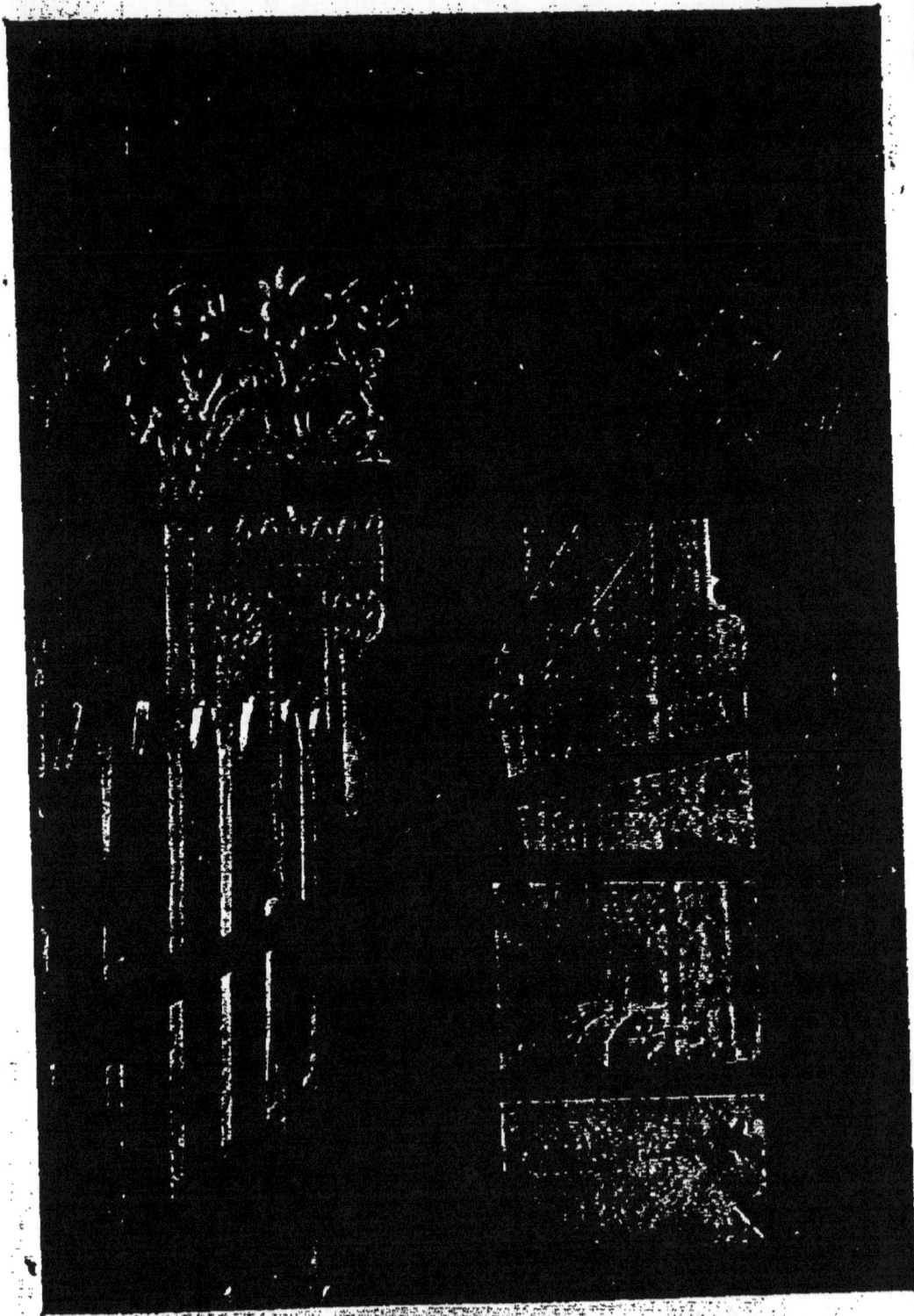

Sculptures du triforium.

susceptible de restauration sans d'immenses frais.

Avant de redescendre, on passe ainsi en revue l'horizon complet.

On voit les chantiers actuels de nos travaux, la pose des écailles des petits dômes et les sculptures du grand. On a vu de différentes places, l'intérieur de ce tambour du grand dôme qui est destiné à éclairer la Basilique, et, en particulier le fond du chœur.

Dans cette excursion, on peut aussi voir fonctionner nos monte-charges, les grues qui servent à la pose et les chariots qui transportent les pierres au-dessus des ouvriers et qui nous permettent de les poser encore à la louve et de ne pas revenir pour les ravalements, sauf pour les sculptures, que le plus souvent nous négligeons de finir pour ne pas grever les travaux courants de dépenses aussi considérables que celles que nécessitent ces sculptures dans certaines parties de l'édifice.

Nous sommes persuadés qu'aucun des visiteurs de nos échafauds ne regrettera sa peine, toutes les précautions ayant été prises pour rendre cette visite facile et agréable.

Des écriteaux sont placés sur les divers piliers ou colonnes, en attendant qu'on puisse en entreprendre la gravure.

LES OEUVRES

Pour répondre à l'appel du Sacré-Cœur, sous l'autorité et la haute direction de Son Em. Mgr le cardinal-archevêque, des œuvres spirituelles multiples ont été établies dans la Basilique du Vœu national. Voici les principales :

1° Les Pèlerinages[1]

Appeler la France d'abord, l'univers catholique ensuite, dans le temple du Sacré-Cœur, est une conséquence naturelle de la grande œuvre de Montmartre. C'est du reste ce que Notre-Seigneur a demandé à la Bienheureuse Marguerite-Marie. Nous pouvons ajouter que les pieux pèlerinages sont entrés dans les mœurs de l'heure présente. On ne saurait donc être surpris du mouvement qui s'opère. Toutes les paroisses de Paris ont leur pèlerinage annuel. Il en est ainsi de tous les collèges catholiques, des associations et congrégations de tous les noms, des première communions, des Cercles et patronages. Un grand nombre des diocèses de France viennent également, et dans le même esprit, adorer le Sacré-Cœur et se consacrer à Lui. Les étrangers eux-mêmes entrent dans cette voie, et l'Italie, la Suisse et l'Allemagne; les Belges, les Anglais et les Irlandais; les Espagnols et même les Américains donnent souvent des spectacles profondément édifiants dans la Basilique du Vœu. C'est alors que l'on comprend le mot du Seigneur : « Je régnerai malgré Satan et ses suppôts. »

Les consécrations au Sacré-Cœur sont une conséquence de tout ce mouvement religieux. Les enfants et les adultes montrent le même empressement. Le nombre de ces actes de don de nous-mêmes au Divin Cœur est incalculable.

1. Pour retenir la date d'un pèlerinage, s'adresser au prêtre sacristain.

2° L'Archiconfrérie du Sacré-Cœur de Jésus[1]

BUT

L'Archiconfrérie du Sacré-Cœur établie à Montmartre est une association de prières et de bonnes œuvres qui a pour but :

1° D'obtenir la liberté du Pape et le salut de la société ;

2° D'attirer la protection du Sacré-Cœur sur l'Eglise et son auguste chef, sur la patrie, sur le clergé et sur les congrégations religieuses ;

3° De solliciter et recevoir les grâces spirituelles et temporelles promises par le Seigneur lui-même et dont les membres de l'Association ont besoin pour eux et pour leurs familles.

AVANTAGES

Les avantages de l'Archiconfrérie sont :

1° D'avoir part aux prières récitées chaque jour soit aux offices célébrés dans le sanctuaire du Sacré-Cœur, soit aux adorations diurnes et nocturnes ;

2° D'avoir également part aux messes qui y sont fondées, notamment à la messe *quotidienne* dite pour les Associés et à un service célébré, le premier lundi du mois, pour les membres défunts de l'Archiconfrérie ;

3° De pouvoir gagner les nombreuses indulgences qui ont été accordées par les Souverains Pontifes ;

4° De participer aux prières et bonnes œuvres de

1. Pour se faire inscrire s'adresser au bureau du Frère, petite nef à droite.

tous les Associés et à celles des communautés, paroisses

Pèlerinages.

et institutions auxquelles ont été accordées des lettres d'affiliation.

CONDITIONS

1° Être inscrit sur le registre de Montmartre ou sur celui d'une confrérie agrégée. (Tous les fidèles peuvent se faire inscrire, et toutes les confréries du monde peuvent être agrégées. — Rescrit du 30 mars 1894.)

L'inscription peut être demandée par écrit à un directeur de confrérie, la demande verbale est requise auprès d'un zélateur ; quant au simple mandataire, il doit se présenter lui-même au directeur pour obtenir les inscriptions qu'il sollicite. Ce dernier mode d'inscription doit être employé avec réserve. (Rescrit du 4 mars 1879 et S. C. 1881.)

La date de l'admission est celle du jour où le nom a été donné. (Rescrit du 18 juin 1887.)

2° Réciter chaque jour le *Pater*, l'*Ave*, le *Credo* et la prière : « Cœur sacré de Jésus, etc. »

CLASSES D'ASSOCIÉS

Les Associés se partagent en trois classes : les simples associés, les adorateurs du Sacré-Cœur de Jésus, les apôtres de la dévotion au Sacré-Cœur.

I. *Simples associés.* — Ce sont les membres inscrits qui récitent chaque jour les prières indiquées.

II. *Les adorateurs.* — L'amour croissant des membres

de l'Archiconfrérie du Sacré-Cœur, canoniquement érigée dans la basilique du même nom, à Montmartre, a porté les plus fervents parmi les Associés à atteindre les quatre fins suivantes :

1° Entourer le Très Saint-Sacrement, qui est le principal gage de l'amour du Sacré-Cœur, d'un culte continuel et plus fervent ;

2° Expier les péchés qui déchirent ce Cœur très aimant, principalement ceux qui, comme les sacrilèges et les profanations, attaquent directement l'adorable Sacrement ;

3° Obtenir que le règne du Christ s'établisse par un amour répondant à l'amour divin dans les individus, dans les familles et les sociétés ;

4° Prier pour que les chrétiens, n'ayant qu'un même cœur dans le Cœur de Jésus, dépensent et emploient leurs forces à la défense et à la propagation de la religion catholique.

Adorateurs diurnes. — Tous les fidèles des deux sexes peuvent en être membres.

Conditions. — 1° Les adorateurs doivent faire partie de l'Archiconfrérie du Sacré-Cœur de Montmartre ;

2° Ils consacrent une heure toutes les semaines, ou tous les mois, ou tous les trois mois, à prier mentalement ou oralement devant le Saint-Sacrement (*A la rigueur on peut faire son heure d'adoration devant un crucifix ou devant une image du Sacré-Cœur*) ;

3° Ils choisissent et font connaître leur heure d'adoration hebdomadaire, mensuelle ou trimestrielle.

Adorateurs nocturnes. Les hommes seuls peuvent en être membres.

C'est à ces adorateurs qu'est réservé l'honneur de passer la nuit dans la basilique de Montmartre, où le

Très Saint-Sacrement est perpétuellement exposé.

L'Association forme aussi, dans les villes et les campagnes, des groupes d'hommes, qui, ayant obtenu de l'Ordinaire diocésain l'exposition du Très Saint-Sacrement, passent en union avec les adorateurs de Montmartre, une ou plusieurs nuits par an en adoration devant Notre-Seigneur ainsi exposé,

III. *Les apôtres du Sacré-Cœur.* — Les apôtres du Sacré-Cœur s'appliquent par les différents exercices de zèle à propager la dévotion au Sacré-Cœur. Les zélateurs de l'Archiconfrérie font naturellement partie de cette classe.

INDULGENCES PLÉNIÈRES

Le jour de l'admission, *B*[1].

Le premier vendredi ou le premier dimanche de chaque mois, *B*.

Un jour au choix chaque mois, *B*.

Janvier : Dernier dimanche après l'Epiphanie (Saint Cœur de Marie), *C. E. I.*

Février : Le 2 (Purification), *C. D. G.*

Mars : Le 12 (saint Grégoire), *C. D.* Le 19 (saint Joseph) et le 25 (Annonciation), *C. D. G.* — Tous les vendredis de Carême (excepté le vendredi saint), *C. D.* Le jeudi saint et Pâques, *C. D. G.*

Mai : Le 5 (saint Pie V), *C. D. I.* — L'Ascension, *C. D. G.* — Chacun des six vendredis ou des six dimanches qui précèdent immédiatement la fête du Sacré-Cœur, *C. A. G.*

Juin : Le 29 (saint Pierre), *C. D. G.* — Le vendredi, fête du Sacré-Cœur, ou le dimanche suivant, *B.*

1. Les lettres placées à la suite des différentes indulgences indiquent les conditions requises. (Voir l'explication p. 100.)

Juillet : Le 26 (sainte Anne), *C. E. I.*

Août : Le 13 (sainte Radegonde), *C. A.* — Le 15 (Assomption), *C. D. G.* — Le 25 (saint Louis), *C. E. I.*

Septembre : Le 8 (Nativité), *C. D. G.* — Le 29 (saint Michel), *C. E. I.*

Octobre : Le 9 (saint Denis), *C. E. I.* — Le 17 (bienheureuse Marguerite-Marie), *C. E. I.*

Novembre : Le 1er (Toussaint), *C. D. G.* — Le 2 (fête des Morts), *C. D. G.* — Le 11 (saint Martin), *C. E. I.*

Décembre : Le 8 (Immaculée-Conception), *C. D. G.* — Le 25 (Noël), *C. D. G.* — Le 27 (saint Jean), *C. D. G.*

A l'article de la mort, invoquer le Nom de Jésus.

Chaque jour consacré au culte perpétuel du Sacré-Cœur : faire une heure de prière mentale ou vocale, renouveler les promesses du baptême et s'efforcer de faire souvent dans la journée des oraisons jaculatoires au Sacré-Cœur, *C. A.*

Indulgences spéciales aux adorateurs diurnes

1° Le 6 janvier, fête de l'Epiphanie, *C. A. H.*

2° Le jeudi saint, *C. A. H.*

3° Le jour de la Fête-Dieu, *C. A. H.*

4° Un jour du mois de juin, au choix de chacun, *C. A. H.*

5° Le jour où l'on fait une heure d'adoration réglementaire, soit une fois par semaine, par mois ou par trimestre, *C. A. H.*

6° Le jour où l'on assiste à la réunion pendant laquelle se fait la procession du Saint-Sacrement, *C. A. H.*

Indulgences spéciales aux adorateurs nocturnes

Toutes les nuits, pourvu qu'on passe devant le Très Saint-Sacrement exposé une heure d'adoration, de huit heures du soir à six heures du matin, et que l'on communie l'un des deux jours auxquels se rattache la nuit.

Les zélateurs et zélatrices, parmi les adorateurs, ont en outre une indulgence plénière chaque mois, un jour à leur choix, *C. A II*.

Tous *les Directeurs* de l'Archiconfrérie ont la faveur de l'autel privilégié deux fois par semaine.

INDULGENCES PARTIELLES

60 jours pour toute bonne œuvre, *F*.

7, 10, 15, 25 ou 30 ans et 7, 10, 15, 25 ou 30 quarant., *D. G.* : les 1er, 6, 18 et 25 *janvier* ; les 22 et 24 *février* ; — le 25 *avril* ; — les 1er et 6 *mai* ; — les 11 et 20 *juin* ; — les 2, 16 et 25 *juillet* ; — les 1er, 5 et 24 *août* ; — les 21 et 24 *septembre* ; — le 28 *octobre* ; — les 21 et 30 *novembre* ; — les 21, 24, 26, 27 et 28 *décembre* ; première et deuxième messe de Noël ; — Septuagésime ; Sexagésime ; Quinquagésime ; — chaque jour du Carême et de l'octave de Pâques ; — Quasimodo ; — Rogations ; Pentecôte, sa vigile, chaque jour de son octave ; — Quatre-Temps ; — chaque dimanche d'Avent ; — toutes les fêtes de la sainte Vierge célébrées universellement dans l'Eglise, ainsi que les fêtes principales des apôtres, non enrichies d'une indulgence plénière, 7 ans et 7 quarantaines, *A. G.* — Neuvaine ou triduum préparatoire à la fête du Sacré-Cœur ; chaque jour, 7 ans et 7 quarantaines, *A. G.* — Les quatre dimanches qui précèdent la fête du Sacré-Cœur, 7 ans et 7 quarantaines, *F*.

CONDITIONS REQUISES POUR CES INDULGENCES

A. Visiter une église quelconque et prier aux intentions du Pape. — *B*. Se confesser, communier et prier aux intentions du Pape. — *C*. Se confesser et communier. — *D*. Visiter l'église de la Confrérie et prier. — *E*. Visiter l'église paroissiale et prier. — *F*. Aucune condition. — *G*. En cas d'empêchement légitime la visite peut être changée par le confesseur en une autre œuvre. — *H*. Faire une heure d'adoration. — *I*. Indulgence à gagner depuis les premières Vêpres.

Nota. — Les malades et les infirmes peuvent obtenir du confesseur le changement de la communion et de la visite pour toutes les indulgences où elles sont requises. (S. C. Resp. 18 septembre 1872.)

Toutes les indulgences sont applicables aux âmes du Purgatoire. (S. C. Resp. 12 mars 1895.)

PRIÈRES A RÉCITER CHAQUE JOUR

Pater, *Ave*, *Credo*. (On peut appliquer à cette intention les *Pater*, *Ave*, *Credo* de la prière du matin ou de celle du soir.)

Cœur sacré de Jésus, je me consacre entièrement à vous : protégez la Sainte Eglise contre ses ennemis, ayez pitié de la France (hors de France : sanctifiez notre patrie), et faites que je vous aime toujours davantage.

3° Archiconfrérie de prière et de pénitence en l'honneur du Sacré-Cœur de Jésus

Née à Dijon, établie ensuite à l'église du Sacré-Cœur de Montmartre, l'Association de prière et de pénitence en l'honneur du Sacré-Cœur de Jésus a été approuvée, hautement encouragée, enrichie de précieuses indulgences et enfin élevée au titre d'Archiconfrérie pour le monde entier par S. S. Léon XIII.

BUT DE L'ASSOCIATION

Le but de l'Association est :

1° De réparer par la prière et la pénitence, unies aux prières et aux souffrances du Cœur de Jésus, les crimes des hommes, tous les outrages commis contre la religion, les droits de l'Eglise et du Saint-Siège, et contre la personne sacrée du Vicaire de Jésus-Christ ;

2° D'obtenir le triomphe de l'Eglise, la délivrance du Souverain Pontife, le salut de la société ;

3° De demander que l'union de tous les cœurs s'établisse dans la charité de Jésus-Christ pour la défense et le développement du règne de Dieu dans les nations.

AVANTAGES

Les avantages de l'Association sont :

1° D'avoir part aux prières récitées tous les jours après la messe principale célébrée dans le sanctuaire ;

2° D'avoir part aux messes qui y sont fondées pour l'Eglise et les membres des différentes œuvres de Montmartre, notamment à une messe quotidienne. Un service est aussi célébré les premiers lundis du mois pour les membres défunts ;

3° De pouvoir gagner les indulgences de l'Association ;

4° De participer aux prières et aux bonnes œuvres des Associés.

CONDITIONS D'ADMISSION

Pour être membre de l'Association il faut :

1° Se faire inscrire sur le registre de l'Association ;

2° Choisir un jour spécial de prière et de pénitence par semaine, par quinzaine ou par mois.

Au jour choisi les Associés offrent à Dieu, en union avec le Sacré-Cœur de Jésus, et en esprit de réparation, la journée tout entière avec ses prières, ses travaux et toutes les peines qu'il plaira à la Providence de leur envoyer. Ils ajoutent, sous la direction des confesseurs ou des supérieurs, une pénitence corporelle proportionnelle à l'âge, à la santé, à la condition, par exemple : le jeûne, l'abstinence, ou toute autre mortification des sens.

Il suffira aux personnes occupées à des travaux pénibles d'offrir leurs fatigues en expiation.

3° Non contents de ce jour spécial, les Associés s'efforceront de donner à toute leur vie le caractère de la pénitence. Ils garderont aussi fidèlement que possible les commandements de Dieu et de l'Eglise, en particulier ceux qui ordonnent le jeûne et l'abstinence. Réagissant avec courage contre le luxe et la mollesse du siècle, ils reviendront, dans leurs habitudes, aux règles de la simplicité chrétienne.

4° On recommande aux Associés la dévotion à la Passion de Notre-Seigneur, à Notre-Dame des Sept-Douleurs et aux Saints qui ont été des modèles de pénitence. Ils pratiqueront la dévotion du Chemin de la Croix.

FÊTES DE L'ASSOCIATION

Les fêtes de l'Association sont :

1° La fête du Sacré-Cœur de Jésus ;

2° Les fêtes des mystères et des instruments de la Passion, tous les vendredis du carême ;

3° La fête de Notre-Dame des Sept-Douleurs ;

4° La fête de saint Michel ;

5° Les fêtes de sainte Marie-Madeleine et de saint Benoît Labre.

ORGANISATION

1° Le supérieur des Chapelains de l'église du Sacré-Cœur de Montmartre est le directeur général de l'Association. Il a le pouvoir d'agréger toutes les associations de même nom et de même but. Il peut se faire remplacer par un de ses confrères.

2° Quand une association de prière et de pénitence est canoniquement érigée, un directeur local est nommé par l'évêque du diocèse.

3° Des zélateurs et des zélatrices sont nommés par le directeur. Animés d'un grand amour pour le Sacré-Cœur et d'un grand zèle pour le triomphe de la Sainte Eglise et le salut de la société, ils font connaître l'œuvre expiatrice et recrutent des adhérents. Ils se tiennent en relation avec le directeur. Le Souverain Pontife leur a accordé une indulgence plénière tous les mois pour encourager leur apostolat. Le Sacré-Cœur de Jésus ne manquera pas de les bénir d'une manière spéciale.

4° Les Associés se partagent en trois séries. La première série comprend des groupes de sept associés ;

chacun a son jour d'expiation par semaine ; le zélateur choisit toujours le vendredi. La seconde partie comprend les Associés qui ont un jour d'expiation par quinzaine et la troisième série ceux qui ont un jour d'expiation par mois.

Pour entrer dans l'Association, envoyer son nom et indiquer la série. On peut s'adresser soit à M. le Supérieur des Chapelains, 31, rue de la Barre, Paris-Montmartre, soit à M. le curé de Saint-Michel à Dijon, soit à tout autre directeur.

PRATIQUES

Chaque jour, le matin de sept à neuf heures, et le soir de deux à quatre heures, les Associés choisiront quelques moments pour se réunir dans le Sacré-Cœur de Jésus, prier en commun, s'offrir en holocauste à la justice divine et présenter à Dieu, en expiation des crimes du monde, l'amour infini de Notre-Seigneur, et les infinies souffrances de sa Passion. Cette offrande peut se faire mentalement, ou bien on peut réciter la prière suivante :

O Dieu tout-puissant et miséricordieux, je vous offre les expiations et l'amour infini du Cœur de Jésus, en réparation des crimes qui se commettent dans le monde.

Je m'unis à tous les Associés pour vous offrir, par ce divin Cœur et celui de Marie, mes peines, mes travaux et mes pénitences. Ainsi soit-il.

Cœur miséricordieux de Jésus,
Ayez pitié de nous,
Pardonnez-nous,
Sauvez-nous (*trois fois*).

Le jour de l'expiation, les Associés se regarderont comme plus spécialement chargés d'expier. Outre les pratiques quotidiennes, ils s'imposeront, dans la mesure que leur santé, leur position et l'obéissance le permettront, quelques pénitences positives, telles que le jeûne rigoureux ou mitigé, l'abstinence à un ou plusieurs repas, une heure de veille ou de prière, un chemin de la croix, une prière les bras en croix, ou autres mortifications. Les plus faibles pourront toujours, au moins, s'imposer le renoncement à des superfluités pour la table, ou bien à quelques-unes de ces recherches que l'immortification contemporaine a mises en usage. Enfin, ils offriront leurs souffrances, travaux et épreuves supportés avec patience en l'honneur du Sacré-Cœur de Jésus.

INDULGENCES

Par un rescrit du 30 mars 1894, la Sacrée Congrégation préposée aux indulgences et aux reliques, usant de la faculté spécialement donnée par S. S. le Pape Léon XIII a accordé avec bienveillance les indulgences plénières suivantes :

1° Le jour de l'inscription ou le dimanche suivant;

2° Le jour choisi par les Associés pour se livrer, selon leur classe, aux pratiques de la prière ou de la pénitence, ou, s'ils en sont légitimement empêchés ce jour-là, un autre jour à leur choix (un jour par mois, ou par quinzaine ou par semaine, selon l'engagement pris de consacrer à la prière et à la pénitence un jour par mois, ou par quinzaine ou par semaine);

3° Le jour de la fête de saint Pierre, apôtre;

4° Le jour de la fête de sainte Madeleine, pénitente;

5° Le jour de la fête de saint Benoît Labre ;

6° Une fois pendant le mois de juin, le jour au choix ;

7° Une fois par mois pour ceux des Associés qui sont nommés zélateurs et s'emploient à augmenter le bien de l'Association, avec la faculté de gagner la même indulgence quelque jour du mois que ce soit.

Conditions pour gagner ces indulgences : Il faut qu'en ces jours les Associés vraiment pénitents, s'étant confessés et ayant communié, visitent une église quelconque et prient quelques instants aux intentions du Souverain Pontife.

8° Enfin, indulgence plénière à l'article de la mort. *Conditions* : Etre vraiment repentant de ses péchés, se confesser et communier, ou du moins, s'ils ne peuvent se confesser et communier, invoquer dévotement de bouche, ou du moins de cœur, le très saint Nom de Jésus.

Toutes ces indulgences sont applicables aux âmes du Purgatoire. (*Rescrit du* 30 *mars* 1894.)

4° Adoration nocturne[1]

LES MESSIEURS ADORATEURS DU SACRÉ-CŒUR A MONTMARTRE

Depuis 1881, le Très Saint-Sacrement est perpétuellement exposé dans l'église du Sacré-Cœur, à Montmartre.

Sous le nom d'*Adorateurs du Sacré-Cœur*, les messieurs, qui ont à cœur le salut de l'Église et de la

1. S'adresser pour les renseignements et les inscriptions au bureau du Frère, petite nef à droite.

France, se font un devoir de venir adorer et prier le divin Cœur de Jésus.

Nombreux pendant le jour, ils se réservent exclusivement l'honneur de veiller la nuit près du Christ qui aime toujours la France.

Déjà près de cent mille hommes ont eu l'honneur de faire l'adoration nocturne. En 1895, plus de 12.000 se sont succédé devant Notre-Seigneur.

CONDITIONS

Pour faire partie des adorateurs du Sacré-Cœur de Jésus, il faut se faire inscrire.

Chaque membre est prié de fixer les jours et les nuits où il désire faire son adoration.

On demande aux adorateurs diurnes, au moins une heure d'adoration tous les trois mois. On peut se faire inscrire pour chaque mois ou même chaque semaine.

Les adorateurs nocturnes font au moins une nuit par an pendant laquelle on récite les mêmes prières que pendant l'adoration diurne, en y ajoutant un nocturne de l'office du Saint-Sacrement ou de celui du Sacré-Cœur.

Les nouveaux adhérents sont invités à se faire recevoir solennellement : ils lisent un acte de consécration au Sacré-Cœur de Jésus et reçoivent du prêtre l'insigne, c'est-à-dire la médaille du Sacré-Cœur de Jésus portant la devise : *Sacratissimo Cordi Jesu Christi Gallia pœnitens et devota.*

Une réception solennelle a lieu tous les derniers dimanches du mois, avant la procession du Très Saint Sacrement, à trois heures.

Une procession, à laquelle tous les messieurs adorateurs sont convoqués, a lieu tous les derniers dimanches du mois, à trois heures.

AVANTAGES

Les adorateurs peuvent gagner 58 indulgences plénières par an, toutes applicables aux défunts.

Les adorateurs diurnes peuvent, en outre, gagner une indulgence plénière par semaine.

Les adorateurs nocturnes ont chaque nuit l'indulgence plénière.

Une indulgence plénière est attachée à l'assistance à la procession mensuelle.

De plus, les adorateurs ont part à toutes les prières, adorations, messes, notamment à une *messe quotidienne* de la basilique de Montmartre.

Enfin, le Comité fait célébrer une messe après la mort de tout membre adorateur reçu solennellement et fidèle à ses adorations.

Les adorateurs, la nuit qui suit la nouvelle de la mort d'un adorateur, appliquent à son intention l'indulgence plénière.

ORGANISATION

Un Comité, dont M. le prince de la Tour d'Auvergne Lauraguais est président, gouverne la section des messieurs adorateurs soit diurnes, soit nocturnes.

Un secrétaire, actuellement M. Jamier, avocat à la Cour d'appel, est chargé de faire les convocations, de recevoir les demandes d'admission, etc.

Un certain nombre de conseillers assistent le président.

Le Supérieur des chapelains est le Directeur général et l'un des chapelains, directeur de l'Association.

Le Comité se réunit une fois le mois.

Des zélateurs sont nommés pour recruter les nouveaux membres et donner tous les renseignements voulus.

L'Archiconfrérie du Sacré-Cœur étant universelle peut s'affilier toutes les œuvres d'adoration diurne ou nocturne du monde entier, et communiquer toutes les indulgences.

Le Comité travaillera à former partout où il le pourra des centres d'adoration du Sacré-Cœur, afin d'accroître les hommages et les actes réparateurs et d'obtenir plus sûrement et plus promptement la liberté de la Sainte Église et du Souverain Pontife, ainsi que le salut de toute la société, en particulier de notre chère France.

Les adorateurs isolés peuvent gagner les mêmes indulgences et se feront un bonheur, à l'occasion d'un voyage à Paris, de venir participer à l'Adoration nationale de Montmartre.

5° Adoration diurne

LES DAMES ADORATRICES DU SACRÉ-CŒUR DE MONTMARTRE[1]

L'Archiconfrérie du Sacré-Cœur de Montmartre est une Œuvre d'adoration. Le Saint-Sacrement est perpétuellement exposé dans le sanctuaire du Vœul national pour obtenir le salut de l'Église et de la France.

C'est pourquoi une section spéciale dite des Dames adoratrices, a été formée pour entourer le Cœur de

1. Pour les renseignements et les inscriptions s'adresser au Bureau, 12, rue Saint-Rustique.

Jésus d'adorations, de réparations et de supplications.

BUT DE L'ŒUVRE

I. — Entourer le Très Saint-Sacrement, qui est le principal gage de l'amour du Sacré-Cœur, d'un culte continuel et plus fervent ;

II. — Expier les péchés qui déchirent ce Cœur très aimant, principalement ceux qui, comme les sacrilèges et les profanations, attaquent directement l'adorable Sacrement ;

III. — Obtenir que le règne du Christ s'établisse par un amour répondant à l'amour divin dans les individus, dans les familles et les sociétés ;

IV. — Prier pour que tous les chrétiens, n'ayant qu'un même cœur dans le Cœur de Jésus, dépensent et emploient leurs forces à la défense et à la propagation de la religion catholique (*Statuts*).

Ce but multiple, expressément approuvé par S. S. Léon XIII, touchera un grand nombre d'âmes qui voudront s'enrôler dans l'Association et s'en faire les ardentes propagatrices.

CONDITIONS

I. — Se faire inscrire à Montmartre.

II. — Réciter chaque jour : *Pater*, *Ave*, *Credo* (on peut appliquer à cette intention les *Pater*, *Ave*, *Credo* de la prière du matin ou du soir).

Ajouter l'invocation : *Cœur Sacré de Jésus, je me consacre entièrement à vous; protégez la sainte Église contre ses ennemis, ayez pitié de la France, et faites que je vous aime toujours davantage.*

III. — Consacrer toutes les semaines ou tous les mois, une heure à la prière mentale ou vocale, devant le Très Saint-Sacrement.

IV. — Les Dames adoratrices de Paris doivent, autant que possible, faire cette heure d'adoration à Montmartre.

V. — Elles feront connaître le jour et l'heure choisis. Néanmoins les dames qui ne pourraient fixer ni le jour ni l'heure, ne sont pas exclues. Elles rempliront leur obligation quand leurs devoirs de familles ou autres le leur permettront.

VI. — Les Dames adoratrices qui n'habitent pas Paris, feront leur heure d'adoration dans une église ou chapelle.

Quelle âme sincèrement pieuse et dévouée reculera devant cette courte prière quotidienne et cette heure d'adoration mensuelle? Il s'agit de travailler à notre sanctification et au salut de notre chère France.

AVANTAGES

I. — Les Dames adoratrices ont part aux prières récitées chaque jour, soit aux offices célébrés dans l'église du Sacré-Cœur, soit à toutes les adorations diurnes et nocturnes.

II. — Elles ont part aux messes qui sont fondées pour l'œuvre, notamment à la *messe quotidienne* et, après la mort, à un service célébré le premier lundi de chaque mois.

III. — Chaque associé a droit, après sa mort, à *une messe* annoncée dans une réunion générale et dite à Montmartre, ainsi qu'aux suffrages de toute l'Association.

IV. — Les zélatrices ont droit à *trois messes* célébrées à Montmartre.

V. — Les membres du Comité ont droit à *cinq messes* également dites à Montmartre.

VI. — Les Dames adoratrices peuvent gagner de nombreuses indulgences plénières et partielles. Toutes ces indulgences sont applicables aux âmes du Purgatoire. (*Voir les catalogues des Indulgences.*)

Que de richesses les vraies adoratrices du Sacré-Cœur peuvent acquérir pour elles-mêmes et pour leurs chers défunts ! Elles s'attirent en outre toutes les tendresses et la protection spéciale du Sacré-Cœur de Jésus pour elles-mêmes et pour leurs familles.

L'expérience quotidienne prouve que nombreux sont les miracles de grâces obtenus par les adorations ferventes et persévérantes.

L'HEURE D'ADORATION

I. — Au jour et à l'heure fixés, les adoratrices viennent dans l'église du Sacré-Cœur à Montmartre. (En province, elles se rendent dans une église devant le tabernacle.)

II. — Elles prennent leur décoration : un ruban rouge, avec la médaille du Sacré-Cœur, insigne de l'Archiconfrérie.

III. — Elles se placent sur les premiers prie-Dieu, près de la table de communion, à l'autel où le Très Saint-Sacrement est exposé.

IV. — On commence l'heure d'adoration par l'offrande de l'heure à haute voix : puis on récite le chapelet, en suivant heure par heure, les mystères joyeux, douloureux et glorieux. (*Le chapelet récité devant le Saint-Sacrement exposé est vivement recommandé par S. S. Léon XIII, ainsi que les litanies de la Sainte Vierge, par lesquelles on le termine.*) A la demi-heure, on récite l'acte d'amende honorable. Entre ces différentes prières, chacune prie ou médite en silence et, cinq minutes avant la fin, elle récite l'acte de consécration.

V. — L'heure d'adoration faite, les Dames se retirent pour laisser la place aux nouvelles adoratrices.

VI. — Les Dames sont priées de déposer dans le tronc des Adoratrices la carte d'invitation qui permettra de contrôler les présences.

VII. — Elles déposent aussi leurs feuilles de recommandations.

LE CONSEIL DE L'ŒUVRE

I. — L'Association est placée sous la direction du Supérieur des chapelains, directeur général de l'Archiconfrérie et d'un directeur suppléant.

II. — Le directeur général nomme une présidente, une vice-présidente, une secrétaire générale, une trésorière, plusieurs conseillères et secrétaires.

III. — Le Conseil se réunit tous les mois pour examiner l'admission des nouvelles adhérentes, la nomination des zélatrices et tout ce qui concerne la marche et le progrès de l'œuvre.

IV. — Sous la direction du Comité, un bureau est chargé de faire les convocations, l'examen des listes de présence et la correspondance.

LES RÉUNIONS

I. — Tous les mois, les zélatrices ont une réunion spéciale.

II. — Tous les mois aussi, une réunion générale des Dames adoratrices du Sacré-Cœur a lieu dans la Basilique. Une procession solennelle, à laquelle est attachée une indulgence plénière, suit l'instruction. Cette réunion est fixée ordinairement au troisième vendredi du mois, à trois heures.

III. — La fête principale de l'Association est celle de l'Épiphanie, de l'adoration des Mages. La fête secondaire est celle de la bienheureuse Marguerite-Marie, 17 octobre.

6° La Sainte Ligue du Vœu National

La Sainte Ligue du Vœu National a pour fin de soutenir l'Œuvre du Vœu National, et elle se propose d'obtenir les mêmes résultats.

Elle offre en retour 30 indulgences plénières par an, et plusieurs autres, ainsi que les mérites des associations auxquelles elle est affiliée.

Les membres de la Sainte-Ligue du Vœu National se consacrent particulièrement au Sacré-Cœur de Jésus pour le glorifier et obtenir la conversion de la France et la délivrance de l'Église.

A ces fins, ils s'efforcent d'accepter bien généreusement toutes les peines qui, dans cette vallée de larmes, ne manquent à personne.

Ils se tiennent unis par les liens de la plus étroite charité et font à ces intentions une communion chaque premier vendredi du mois et les jours ci-dessous désignés : le 30 avril, jour de la fête de sainte Catherine de Sienne; le 15 octobre, jour de sainte Thérèse, et le 17 octobre, jour de la Bienheureuse Marguerite-Marie, qui sont les trois patronnes de l'œuvre, et enfin le jour anniversaire de leur consécration, qu'ils font en ces termes[1] :

« Je me consacre, moi et tout ce qui m'appartient, au Sacré-Cœur de Jésus, par le Cœur immaculé de Marie, sous la protection de sainte Catherine de Sienne, de sainte Thérèse et de la bienheureuse Marguerite-Marie : prenant la ferme résolution d'accepter généreusement toutes les peines de cette vie et la volonté de Dieu pour sa gloire et pour le triomphe éclatant de la sainte Église et la conversion de la France. Je renouvellerai cette consécration, réuni en esprit avec tous mes associés, le premier vendredi de chaque mois et aux fêtes de nos saintes protectrices, ainsi que le jour anniversaire de ma consécration. »

1. Ces communions peuvent être remises, mais les indulgences sont attachées à la communion du jour.

Les zélateurs sont tenus au courant de la situation de l'œuvre, afin que tous puissent la connaître et être en communication avec elle.

C'est M. Rohault de Fleury, secrétaire général du Vœu National, qui est chargé des inscriptions : prière de lui adresser les demandes, 8, rue de Furstenberg à Paris.

7° Le Saint Rosaire

Sa Sainteté Léon XIII ne cesse de recommander le Saint Rosaire, comme dévotion de sanctification et de salut. Les RR. PP. Dominicains en ont la direction générale, privilège bien naturel puisque le fondateur est leur Père saint Dominique. Le Temple du Sacré-Cœur, élevé en esprit d'adoration, de réparation et de salut, ne pouvait pas ne pas posséder une confrérie de ce genre. C'est dans cette pensée qu'elle a été établie, avec une affiliation canonique à la *prima primaria* de l'ordre des Frères prêcheurs.

Le premier dimanche de chaque mois, une procession solennelle groupe les membres de l'Association du Saint Rosaire, afin d'obtenir que notre Divine Mère amène la France au Cœur de son Fils et en prépare le règne dans tous les cœurs.

8° Les Pauvres du Sacré-Cœur

La circulaire suivante fera connaître et apprécier cette belle œuvre.

« Toutes les semaines des milliers de pauvres de Paris (*tous des hommes*) montent au Sacré-Cœur pour y entendre la messe, suivre le catéchisme ou faire l'adoration nocturne.

Cette Œuvre vraiment miraculeuse est née du cri qui s'échappa un jour du Sacré-Cœur : *Misereor super turbam*, et de la dévotion à saint Antoine, l'ami des pauvres. Comment le Sacré-Cœur, du sommet de Montmartre, ne serait-il pas ému de cette foule immense de malheureux qui, dans Paris, n'ont ni pain, ni vêtements, ni abri; qui la nuit sont obligés de coucher dehors; qui sont aux prises souvent avec le désespoir — conseiller du suicide?

Faire du bien à ces pauvres, tombés de tous les rangs de la société, relever leur courage en leur témoignant une profonde sympathie, les régénérer dans la vérité, dans les espérances chrétiennes, et surtout dans l'amour du Sacré-Cœur : c'est l'Œuvre de Montmartre.

Nous avons aussi pensé que, pour racheter plus vite la France, il fallait amener dans le temple du Vœu National ceux qui peuvent offrir à Dieu plus de souffrances, plus de mérites. Ils sont vraiment la France pénitente !...

Enfin, la prière, les adorations de ces milliers de pauvres obtiennent déjà, pour leurs généreux bienfaiteurs, de vrais miracles; nous en avons des preuves nombreuses et indiscutables.

Nous sommes heureux de distribuer à chacun, et chaque fois, une livre du pain de Saint-Antoine, ainsi que les vêtements que l'on veut bien nous donner.

La Crypte un samedi soir.

Un comité, à la tête duquel se trouve M. le comte Gaston Chandon de Briailles, s'occupe de procurer les ressources nécessaires à cette Œuvre dont le développement grandira de jour en jour. Il nous faut en ce moment plus de 15.000 livres de pain par mois, environ 200.000 livres par an. Huit mois d'expérience nous prouvent que nous pouvons mettre notre confiance dans les amis du Sacré-Cœur et de saint Antoine.

Un bureau de placement, un vestiaire, un dispensaire sont déjà fondés. Puissions-nous ajouter une large hospitalité de nuit et l'assistance par le travail !

Nous faisons appel à tous les amis du Sacré-Cœur, de saint Antoine et des pauvres, à tous ceux qui ont de grandes grâces à demander, à la France entière.

Les réunions générales ont lieu le dimanche à huit heures et demie, et le jeudi, à trois heures et demie. Des réunions moins nombreuses ont lieu pour l'Adoration nocturne, l'Archiconfrérie, les confessions et les catéchismes préparatoires au baptême et à la première communion, ont lieu le mardi et le samedi. »

9° L'organisation temporelle de l'Œuvre du Vœu National au Sacré-Cœur de Jésus pour obtenir la délivrance du Souverain Pontife et le salut de la France.

VŒU NATIONAL

En présence des malheurs qui désolent la France, et des malheurs plus grands peut-être qui la menacent encore ;

En présence des attentats sacrilèges commis à Rome

contre les droits de l'Église et du Saint-Siège, et contre la personne sacrée du Vicaire de Jésus-Christ;

Saint Antoine de Padoue.

(Voir prix et hauteurs page 135.)

Nous nous humilions devant Dieu, et, réunissant dans notre amour l'Église et notre Patrie, nous reconnaissons que nous avons été coupables et justement châtiés;

Et pour faire amende honorable de nos péchés et obtenir de l'infinie miséricorde du Sacré-Cœur de Notre-Seigneur Jésus-Christ le pardon de nos fautes, ainsi que les secours extraordinaires qui peuvent seuls délivrer le Souverain Pontife de sa captivité et faire cesser les malheurs de la France, nous promettons de contribuer à l'érection, à Paris, d'un sanctuaire dédié au Sacré-Cœur de Jésus.

COMITÉ DE L'ŒUVRE :

MM. ODELIN, vicaire général du diocèse.

LEMIUS, Supérieur de l'église du Sacré-Cœur de Montmartre.

LA CAILLE, *trésorier*, 8, rue de Furstenberg, à Paris.

H. ROHAULT DE FLEURY, *secrétaire*, 8, rue de Furstenberg, à Paris.

CATILLON, à Versailles.

Baron Camille DE BAULNY, ancien maître des requêtes au Conseil d'Etat, 30, rue Boissy-d'Anglas.

Général baron DE CHARETTE, 32, avenue Hoche.

CHESNELONG, sénateur, 16, rue de la Bienfaisance.

Th. DAUCHEZ, à Versailles.

DE LA FUYE, 10, rue Montalivet.

Vice-amiral marquis GICQUEL DES TOUCHES, rue du Sud, à Versailles.

HEMAR, avocat à la Cour d'appel, 59, rue Miromesnil.

KELLER, ancien député, 14, rue d'Assas.

MM. Comte DE LAMBEL, 10, rue de Varenne.

LOUCHET, 4, rue de l'Arcade.

E. DE MARGERIE, 132, rue de Grenelle.

MERVEILLEUX DU VIGNAUX, ancien premier président de la Cour d'appel de Poitiers; Saint-Sornin, par Champ-Saint-Père (Vendée).

DE MONT DE BENQUE, Larcan, par Saint-Gaudens (Haute-Garonne).

MUSNIER DE PLEIGNES, ancien conseiller maître à la Cour des comptes, 19, boulevard Malesherbes.

PAGÈS, 31, rue de Bellechasse.

Ferdinand RIANT, conseiller municipal, 36, rue de Berlin.

Marquis DE SÉGUR, ancien conseiller d'Etat, 86, rue de Grenelle.

L'Œuvre du Vœu National au Sacré-Cœur de Jésus a été honorée de plusieurs brefs et d'une offrande de 20.000 francs du Souverain Pontife Pie IX, et d'une de 25.000 de Sa Sainteté Léon XIII, de l'approbation formelle d'un grand nombre d'archevêques et d'évêques; elle est placée sous le patronage et l'autorité de Son Eminence Mgr l'archevêque de Paris.

L'Assemblée nationale par une loi spéciale du 25 juillet 1873, a reconnu l'utilité publique de la construction de l'église votive du Sacré-Cœur sur les hauteurs de Montmartre.

S'adresser pour les messes, ex-voto, recommandations et pour l'Archiconfrérie, à M. le Supérieur de l'église du Sacré-Cœur, 31, rue de la Barre. On peut aussi lui adresser les offrandes.

Pour la correspondance, les renseignements et la rédaction du *Bulletin*, ainsi que pour la Sainte Ligue, s'adresser à M. Rohault de Fleury, secrétaire 8, rue de Furstenberg, à Paris.

Pour les offrandes, pour les abonnements et pour les payements, à M. La Caille, trésorier du Vœu National, 8, rue de Furstenberg.

LES PRINCIPAUX MODES DE SOUSCRIPTION

Les Pierres. — Il y en a de trois espèces : les pierres de taille cachées, 120 francs; et les pierres apparentes, 300 francs, donnant droit à cinq initiales gravées, mais non en vue; les clavaux, qui donnent, pour 500 francs, le droit à deux initiales gravées sur la face extérieure: et enfin des pierres de 1000 francs avec inscription complète.

Les Cartes du Sacré-Cœur. — Les cartes du Sacré-Cœur sont le moyen d'avoir soit une pierre indivise, soit un ex-voto pour les membres d'une famille, d'une paroisse, d'une confrérie.

Elles sont divisées en petits carrés, qui représentent une parcelle de la pierre ou de l'ex-voto et qui coûtent deux sous d'ordinaire.

Il y a deux espèces de cartes : les cartes pour les pierres de 120 francs, et les cartes pour les écailles et les tuiles à 50 francs ou 500 francs.

Beaucoup de personnes ont fait leur compagne habituelle de l'une de ces cartes : cette quête est vraiment, en effet, à la portée de toutes les bourses.

Les Piliers et les Colonnes. — Il y a des colonnes depuis 1000 jusqu'à 5000 francs et des piliers depuis

Maison de la Bonne Presse

8, RUE FRANÇOIS Ier, PARIS.

JOURNAUX

LA CROIX
JOURNAL QUOTIDIEN

Un an............ 18 fr. »
Six mois.......... 10 fr. »
Trois mois........ 6 fr. »

LE PÈLERIN
HEBDOMADAIRE ILLUSTRÉ

Un an, édition ordinaire............ 6 fr. »
Un an, édition luxe. 10 fr. »
Abonnement combiné à *La Croix* et au *Pèlerin* ordinaire. 20 fr. »

COSMOS
HEBDOMADAIRE SCIENTIFIQUE

Un an.............. 25 fr. »

CROIX DU DIMANCHE
HEBDOMADAIRE

Un an........... 3 fr. 50

VIES DES SAINTS
HEBDOMADAIRE ILLUSTRÉ

Un an............ 3 fr. »
Pour les abonnés du *Pèlerin*......... 1 fr. 20

CONTEMPORAINS
HEBDOMADAIRE ILLUSTRÉ

Un an............ 6 fr. »
Pour les abonnés du *Pèlerin*.......... 3 fr. 60

QUESTIONS ACTUELLES
HEBDOMADAIRE

Un an............ 6 fr. »

LA TERRE SAINTE
MENSUEL ILLUSTRÉ

Un an............. 6 fr. »

LE NOEL
JOURNAL DES ENFANTS

Sans primes, un an. 7 fr. »
Avec primes, un an. 10 fr. »

ÉCHOS DE N.-D. DE FRANCE
A JÉRUSALEM

Un an............ 3 fr. »

FRANC-MAÇONN. DÉMASQUÉE
MENSUEL

Un an............ 6 fr. »

IMAGERIE

Grand Catéchisme en images.

Tableaux en chromo de $0^m,66 \times 0^m,48$. La collection de 70 tableaux.... 100 fr. »

(*Port en sus.*)

Chaque tableau séparé 2 fr. 25

PETITES IMAGES

2 au paquet, $0^m,31 \times 0^m,22$
4 au paquet, $0^m,21 \times 0^m,15$;
7 au paquet, $0^m,165 \times 0^m,13$;
9 au paquet, $0^m,14 \times 0^m,10$;
12 au paquet, $0^m,10 \times 0^m,07$;
Prix uniforme du paquet 0 fr. 40

(*Port en sus.*)

Remises : 7/6, 15/12, 70/50 et 150/100.

LIBRAIRIE

VOLUMES ILLUSTRÉS A 1 FR., 2 FR., 3 FR., GRANDS IN-8°.

Reliure en plus.

Vies des Saints. — Voyages. — Histoires.

VOLUMES IN-12 A 1 FR. ET A 2 FR.

Piété. — Biographies. — Pèlerinages. — Récits humoristiques.

BIBLIOTHÈQUE A 0 FR. 40.

Romans. — Vies des Saints. — Piété. — Politique. — Poèmes et gestes des vieux temps.

BIBLIOTHÈQUE A 0 FR. 20.

Politique. — Théâtres. — Science. — Pèlerinages.

BROCHURES AGRICOLES A 0 FR. 15.

(*Franco.*)

BROCHURES A 0 FR. 05.

Encycliques. — Sujets divers.

Envoi franco du catalogue général.

5000 francs jusqu'à 100,000 francs, des tympans, des

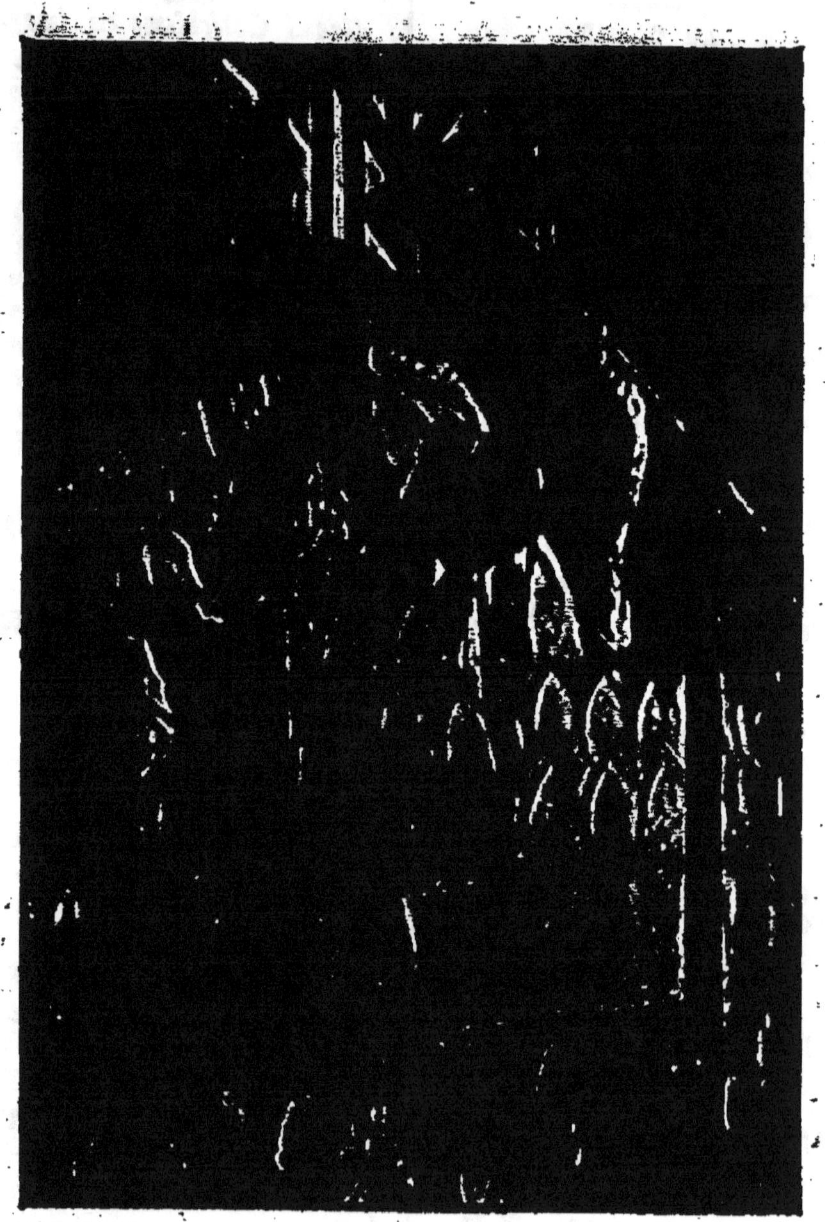

Pose d'une écaille de couverture.

banneaux, etc. Ces objets, à partir de 1000 francs donnent droit à une inscription apparente, soit d'un chiffre, soit d'une armoirie, dans la mesure, bien entendu, de la possibilité matérielle de les graver, et sans garantie du moment, tant que les travaux ne seront pas terminés, l'ornementation de la basilique et de la crypte ne devant pas être commencée avant cette époque. La plus grande partie de ceux de ces objets qui sont situés dans la crypte ont déjà été concédés.

Des écriteaux sont placés sur les divers piliers ou colonnes, en attendant qu'on puisse en entreprendre la gravure.

LES ÉCAILLES DES DOMES

Le Comité, considérant qu'il ne nous reste plus à faire que les toitures, — en vue de faciliter la tâche des zélateurs et pour encourager les souscripteurs dans leur bonne volonté, — a ouvert une souscription particulière pour l'achèvement des dômes.

Cette émission de propagande des dernières pierres se compose des écailles à 50 francs et des tuiles à 500 francs.

Cette somme de 50 francs est à la portée de toutes les bourses; elle ne paye pas la dépense totale de l'écaille car ces écailles font partie d'une dalle qui coûte 1000 francs, et il n'y a que sept à huit écailles par dalle : il faut donc que les bourses les mieux garnies continuent à payer la pose des dalles. Nous proposons encore aux fidèles d'acquérir les tuiles qui forment les assises lisses, et qui sont aussi un objet déterminé, moyennant la somme de 500 francs. En payant un supplément de *un franc* par lettre, les noms des acquéreurs pourront être gravés à portée de la vue des visiteurs ; le maximum de l'inscription reste fixé à vingt lettres[1].

10° Le « Bulletin » et les « Petites Feuilles »

Depuis le 1er janvier 1894 le *Bulletin* est devenu bimensuel, ce qui nous a permis de donner satisfaction à bien des personnes qui désiraient vivement recevoir plus d'aliment à leur dévotion. Malheureusement nous ne pouvions pas continuer à le servir deux fois par mois pour le prix de 3 francs qui suffisait à peine à ses frais ; nous avons élevé son prix, c'est vrai, il est maintenant de 5 francs pour Paris et de 7 francs pour l'étranger ; mais nous avons accompli de grands progrès dans son tirage, dans son papier, dans les dessins que nous donnons.

Nous faisons des efforts continus pour rester à la hauteur de notre mission, et nous pouvons attester que nous recevons beaucoup de félicitations depuis le changement survenu en 1894 ; nous tâcherons de les mériter de plus en plus.

Adresser les demandes d'abonnement à M. le Trésorier de l'œuvre, 8, rue de Furstenberg à Paris. Autant

1. Chaque petit dôme a, dans l'intérieur de la coupole, entre la voûte apparente dans l'église et la coupole supérieure de la couverture, un petit escalier en colimaçon qui permettra de lire très aisément les inscriptions qui seront gravées sur les pierres de la voûte à l'intérieur.

que possible se servir de mandat-poste à talon pour en envoyer le montant.

Une petite revue mensuelle d'adoration et de prière, sous le nom de *Petites Feuilles*, est aussi rédigée par les Chapelains. S'adresser pour l'abonnement au supérieur des Chapelains, 31, rue de la Barre. L'abonnement est de 1 franc.

11° La maîtrise

Cent enfants composent la maîtrise.

Les classes sont faites par trois instituteurs, sous la direction d'un Chapelain, qui est chargé des soins spirituels.

Le Maître de chapelle est M. Mulet, l'organiste Mme Mulet, et des chantres de grand mérite leur sont adjoints. Aussi les offices ont-ils un intérêt croissant, au point de vue de l'art religieux.

L'instruction religieuse s'unit à l'instruction profane pour préparer les enfants à devenir des hommes utiles à leur pays et à leurs familles; l'éducation chrétienne, et par conséquent civique et morale, tient la première place. Tous les soins les plus dévoués sont consacrés à cette œuvre.

12° Les privilèges. — Les messes votives Les indulgences. — Les adorations.

L'Œuvre du Vœu national au Sacré-Cœur de Jésus a été honorée de plusieurs brefs et d'une offrande de 20.000 francs du Souverain Pontife Pie IX et d'une de 25.000 de Sa Sainteté Léon XIII, de l'approbation formelle d'un grand nombre d'archevêques et d'évêques; elle est placée sous le patronage et l'autorité de S. Em. Mgr l'archevêque de Paris.

L'Assemblée nationale, par une loi spéciale du 25 juillet 1873, a reconnu l'utilité publique de la construction de l'église votive du Sacré-Cœur sur les hauteurs de Montmartre.

La messe votive du Sacré-Cœur (tous les jours, excepté les jours de fête de 1re et 2e classe, les fêtes du Seigneur et les Vigiles et féries privilégiées) est concédée pour tous les prêtres dans la Basilique. La messe votive plus solennelle, avec *Gloria* et *Credo* est concédée par le Saint-Siège une fois par an, à l'un des jours de l'Adoration, même dans les églises et chapelles qui font cette adoration en union avec Montmartre.

Les indulgences sont mentionnées ailleurs, ainsi que l'Œuvre des adorations des églises. Ajoutons qu'en vertu d'un rescrit du 20 février 1877, tous les fidèles peuvent, une fois par mois, et aux principales fêtes, gagner une indulgence plénière dans la Basilique.

13° Les offices et prières pour la France

EXERCICES ORDINAIRES DE L'ÉGLISE DU SACRÉ-CŒUR

Tous les jours : Messes à 5 h. 1/2, 6 heures, 7 heures, 8 heures, 9 heures et 10 h. 1/2. Après la messe de 9 heures, prières pour l'Eglise et pour la France (7 ans et 7 quarantaines d'indulgence), et salut. — Le chapelet est récité après la messe de 7 heures, avant l'office de 3 heures (excepté les jours où il y a sermon), au commencement de chaque heure d'adoration, depuis 11 h. du matin ; le soir à 8 heures il est suivi d'une lecture pieuse et de la prière.

Le dimanche : Messes à 5 h. 1/2, 6 h. 1/2, 7 h. 1/2, 8 h. 1/2, 9 h. 1/2 (avec chant, prière et salut) et à 10 h. 1/2. — A 3 heures, office, sermon et salut.

En vertu d'un rescrit du 20 février 1877, tous les fidèles peuvent, une fois par mois, gagner une indulgence plénière. (Se confesser, communier et visiter le sanctuaire de Montmartre et y prier aux intentions du Souverain Pontife.)

L'ACCÈS A MONTMARTRE

Cet accès sera rendu plus facile quand seront réalisés un projet d'ascenseur et un projet de tramway aboutissant l'un et l'autre en face de la basilique. En attendant voici quelques renseignements pratiques pour les pèlerins étrangers à Paris.

En voiture : la colline est abordable : pour les pèlerins venant de l'Est de Paris (gares d'Orléans, de Lyon, de l'Est et du Nord) par le boulevard Barbès, les rues Custine, Labat, Custine prolongée et Lamarck; pour les pèlerins venant de l'Ouest (gares Montparnasse, Saint-Lazare, de Sceaux) par le boulevard de Clichy et les rues Caulaincourt et Lamarck. Les personnes bien portantes peuvent se faire descendre au n° 16 de la rue Lamarck et monter les cinquante marches de la rue de la Barre; les autres continuent par les rues Saint-Eleuthère, du Mont-Cenis et de la Barre.

En tramways : les pèlerins venant d'Orléans et de Lyon peuvent prendre la ligne Montparnasse-Bastille avec correspondance. Place de la Bastille, ils prennent la ligne Porte-Clignancourt-Bastille, se font descendre au sommet du boulevard Barbès et gravissent les rues Poulet, Ramey et de la Barre.

Ils peuvent aussi, en prenant l'omnibus Avenue-dela-Gare-Square-Montholon, correspondre avec l'omnibus Saint-Jacques-Montmartre, et se faire descendre rue Ramey, au pied de la rue de la Barre.

Les pèlerins de la **gare de l'Est** et de la **gare du Nord** peuvent prendre sur le boulevard Magenta, qui est à proximité, le tramway venant de la Bastille et descendre boulevard Barbès, comme il est dit plus haut.

Les pèlerins de la **gare Montparnasse** peuvent prendre deux tramways menant à Saint-Germain-des-Prés, avec correspondance ; là, ils prennent l'omnibus Saint-Germain-des-Prés-Montmartre.

Les pèlerins de **Saint-Lazare** peuvent prendre aussi, au passage, ce dernier omnibus. Ils peuvent descendre après le pont de la rue Caulaincourt, monter à pied en suivant la même rue jusqu'au n° 10 de la rue Lamarck, et gravir ensuite l'escalier de la rue de la Barre. Ils peuvent, après quelques pas dans la rue Caulaincourt, prendre à droite la rue Tourloure, puis à gauche monter la rue Lepic, enfin suivre les rue Norvins, du Mont-Cenis, et de la Barre.

Quant aux pèlerins venant par la **gare de Sceaux**, ils doivent prendre l'omnibus Saint-Jacques-Montmartre, qui les mène rue Ramey, au pied de la rue de la Barre.

MOYENS DE PROPAGANDE

POUR LA DÉVOTION DU SACRÉ-COEUR ET OBJETS DE PIÉTÉ QU'ON TROUVE A LA BASILIQUE

Offrandes pour le culte. — Il y a 33 autels et on dit 10.000 messes par an. On peut envoyer des vases sacrés, des ornements, tels que chasubles, chapes, aubes, nappes d'autel, amicts, purificatoires, corporaux, pales, etc. Plus de 150.000 communions sont distribuées tous les ans. Les communautés peuvent se donner la consolation d'envoyer des pains d'autel. — On reçoit aussi des diamants pour le futur ostensoir, des soutanes et des rochets pour les soixante enfants de la maîtrise. Le Saint-Sacrement, depuis 1885, est perpétuellement (jour et nuit) exposé : envoyer des cierges, des bougies, des boîtes d'encens, etc.

MESSES : Dites au Sanctuaires, 3 fr. — Toutes les intentions de messes sont recommandées chaque jour aux prières du sanctuaire. (*S'adresser au Bureau.*)

EX-VOTO : Les ex-voto en marbre ne sont plus acceptés. Ils dépareraient la belle pierre de la basi-

---

S'adresser par correspondance à M. le Supérieur de l'église du Vœu national, 31, rue de la Barre, Paris-Montmartre.

lique. Les ex-voto seront peints ou gravés sur cette pierre.

Peints à	25 lettres sur une surface de		15×25 cent.	20 fr.
—	50	—	15×50 —	40 fr.
—	100	—	15×100 —	80 fr.

Chaque lettre en plus : 0 fr. 40

Gravés à	25 lettres sur une surface de		15×25 cent.	100 fr.
—	50	—	15×50 —	200 fr.
—	100	—	15×100 —	400 fr.

Chaque lettre en plus : 2 fr. 25

L'inscription gravée du nom d'une personne décédée dans la chapelle des morts donne droit aux prières et aux messes : 200 fr. (*S'adresser au Bureau à droite.*)

Lampes brûlant devant le St-Sacrement exposé. — Prix : un jour, 0 fr. 60 ; une neuvaine, 3 fr. 50 ; un mois, 10 fr. ; un an, 65 fr. (*S'adresser au Bureau à droite.*)

Cierges à 0 fr. 10, 025, 050, 1 fr., 2 fr., 3 fr. et 5 fr.

Plaques d'assurance. — Demander cette plaque que l'on fixe sur la porte de la maison ou des appartements en signe de confiance en la protection du Sacré-Cœur de Jésus. — Prix : une, 0 fr. 75 ; dix, 6 fr. 50 ; cent, 60 fr.

Petite image à coller sur les portes ou à porter sur le cœur. — L'une : 0 fr. 05 ; le cent, 2 fr.

Images-chromos du Sacré-Cœur avec acte de consécration ou promesses du Sacré-Cœur, 5 fr. le cent. — 0,30×0,23 : 0 fr. 40 ; le cent, 20 fr. (*S'adresser au Bureau à gauche.*)

Belles images chromos pour encadrer : 0 fr. 40.

HOMMAGES. — Les auteurs ou éditeurs envoient souvent un hommage au Sacré-Cœur. Déposé sur l'autel, il est ensuite vendu au profit de l'œuvre. Les ouvrages sur le Sacré-Cœur forment une bibliothèque spéciale dans les archives du Vœu national.

OFFRANDES SPIRITUELLES. — Envoyer à Montmartre, avant le premier vendredi de chaque mois, le total des prières, pénitences, bonnes œuvres, faites en union avec le Sacré-Cœur. — Excellent pour les communautés et les pensionnats. Demander des listes à prix très réduits.

Livres. — On trouve au sanctuaire : *Manuel de l'Adoration perpétuelle*, 0 fr. 50. — *Le Sacré-Cœur à Montmartre*, brochure illustrée par Paillard, 0 fr. 10. — *Montmartre autrefois, aujourd'hui*, par le R. P. Jonquet, *O. M. I.* Histoire complète de Montmartre illustrée, 10 fr.; la reliure en plus. — On trouve aussi un certain nombre d'ouvrages offerts et vendus au profit de l'Œuvre (Voir *Bulletin du Vœu national*.

Réductions de la statue de saint Antoine de Padoue exposée dans la Basilique

(Voir page 121.)

Hauteur :	0m30	0m65	1m30	2m10
Prix : en plâtre blanc	6 50	16	58 »	175 »
carton romain	10 »	28 »	88 »	225 »
terre cuite	»	30 »	113 »	340 »
Décor simple en plus	5 50	12 »	32 »	80 »
Emballage	1 50	3 50	9 »	32 »

Photographie de saint Antoine

Format :	Visite	Album
Prix :	0 50	1 »

Photographie de la SAVOYARDE

Format :	Visite	Album	24×18	36×27
	—	—	—	—
Sur carton	0 50	1 »	» »	» »
Sur opale	1 25	1 75	3 »	3 »

Médailles du Sacré-Cœur

(Propriété de la Basilique)

	0,15mm	0,18	0,21
	—	—	—
Cuivre, la douzaine	0 25	0 50	1 »
Bronze —	1 »	2 »	3 »
Maillechort —	1 »	2 »	3 »
Argent, la pièce	1 »	1 75	2,50
Or —	12 »	25 »	

Croix et médailles de l'Archiconfrérie

Croix, bronze argenté	5 »
— imitation	1 25
Médailles (40mm) bronze argenté	1 »
— — imitation	0 25

Petites bannières du Sacré-Cœur

(insigne des pèlerins)

Maillechort, la pièce, à 0 fr. 15. — Le cent 10 fr.

Grand choix de livres et brochures offerts au Vœu National pour être vendus au profit de la Basilique.

Paris. — Imp. Devalois, avenue du Maine, 144.

TABLE DES MATIÈRES

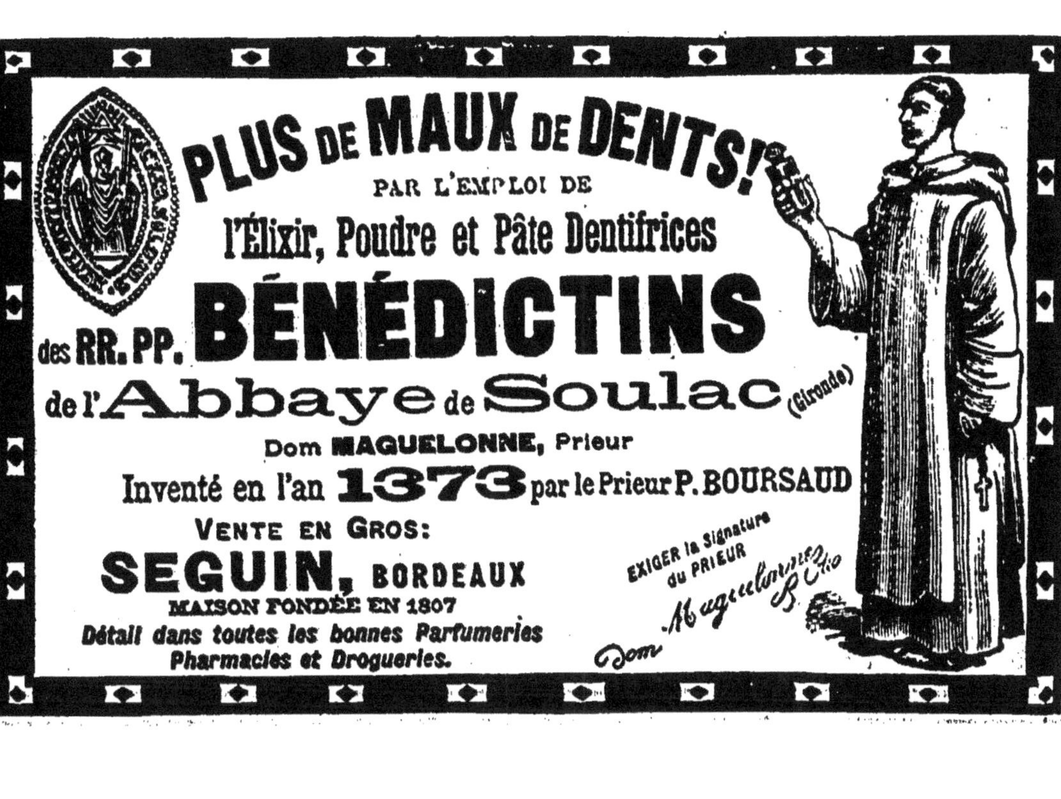
PLUS DE MAUX DE DENTS!
PAR L'EMPLOI DE
l'Élixir, Poudre et Pâte Dentifrices
des RR. PP. BÉNÉDICTINS
de l'Abbaye de Soulac (Gironde)
Dom MAGUELONNE, Prieur
Inventé en l'an 1373 par le Prieur P. BOURSAUD
VENTE EN GROS:
SEGUIN, BORDEAUX
MAISON FONDÉE EN 1807
Détail dans toutes les bonnes Parfumeries
Pharmacies et Drogueries.
EXIGER la Signature
du PRIEUR
Dom Maguelonne

www.ingramcontent.com/pod-product-compliance
Lightning Source LLC
Chambersburg PA
CBHW070943100426
42738CB00010BA/1946

* 9 7 8 2 0 1 2 6 6 5 5 6 9 *